Familien-Reiseführer
LONDON
UND UMGEBUNG

COMPANIONS

London & Umgebung

Noch ist hier Kies, doch bei Ebbe erscheint ein langer Sandstrand

London & Umgebung für Eltern und Kinder

Kinderfreundliche Strand- & Freibäder

Zehn Touren, die allen Spaß machen

Die tollsten Attraktionen für Kinder

*Die königliche Wache lässt sich
nicht aus der Ruhe bringen*

Gut zu wissen

*Im New Forest (S. 84) kann
man wild lebende Ponys treffen*

Was Sie wissen sollten

Diese Zeichen und Symbole begleiten Sie durch das ganze Buch:

Die Minikarte von Südengland mit dem dicken roten, grünen oder blauen Punkt zeigt Ihnen auf einen Blick, an welchem Ort sich die jeweilige Attraktion befindet.

Infos zur Region oder spezielle Empfehlungen für die Eltern gibt's in den grünen Kästen.

In den orangefarbenen Kästen stehen tolle Tipps oder Geschichten für Kinder.

Regionale kulinarische Genüsse oder ein Restaurant, in dem auch Ihre Kinder auf ihre Kosten kommen, finden Sie in den blauen Kästen.

Kirsten Wagner liebt London und Südengland, seit sie das erste Mal als Schülerin zu einem Austausch dort war. Auch mit ihrer Familie verbringt sie gern den Urlaub am südenglischen Strand oder in der vor Leben sprühenden britischen Hauptstadt. Als Autorin mehrerer Freizeit- und Reiseführer weiß sie, worauf Eltern und Kinder Wert legen und teilt dieses Wissen gern in dem vorliegenden Band.

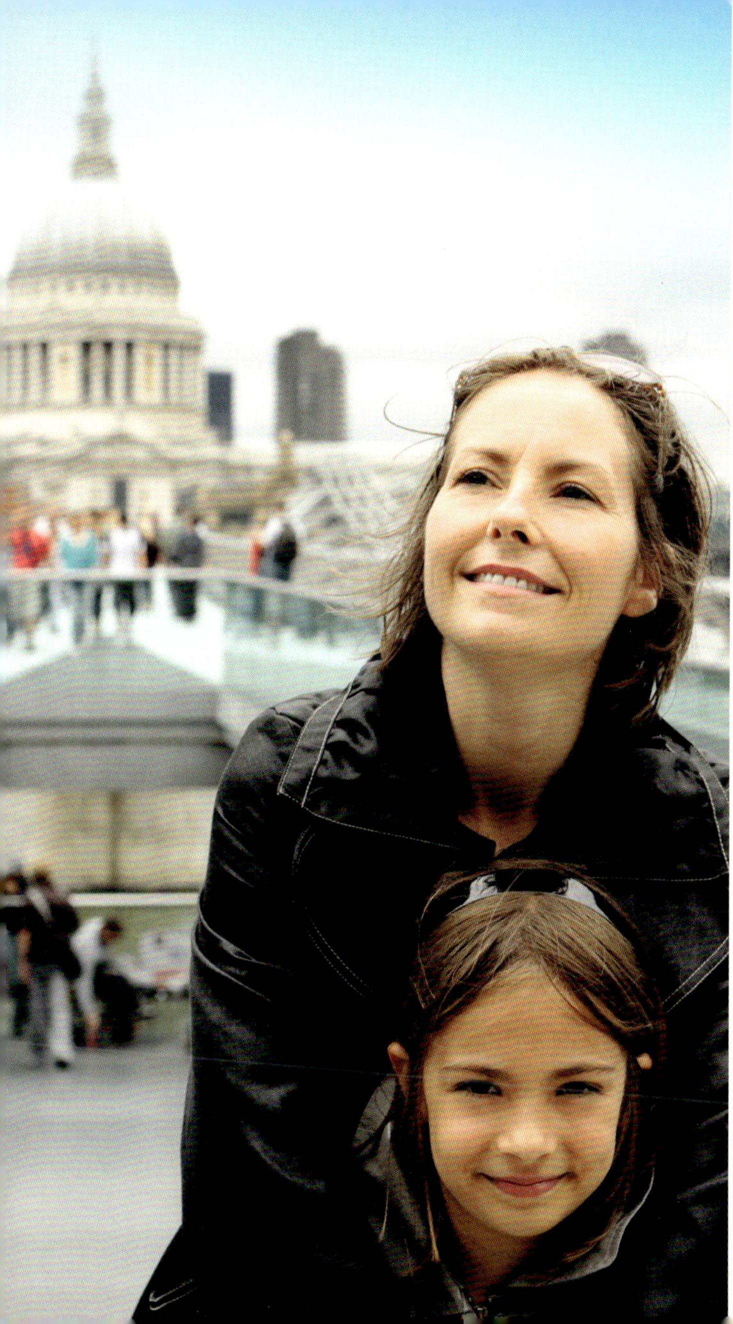

LONDON & UMGEBUNG FÜR ELTERN UND KINDER

London & Umgebung entdecken

In England ist alles ein bisschen anders, als man es vom Festland gewohnt ist. Gezahlt wird hier mit britischem Pfund und auf den Banknoten und Briefmarken prangt die Königin. Royal ist dabei sowieso eine Menge, selbst die Gefängnisse sind Her Majesty gewidmet. Dazu fährt man links und statt in Kilometern wird in Meilen gemessen. Selbst wenn man sagen soll, wie groß man ist, kann man ins Schleudern kommen, denn das wird hier nun mal in „Füßen" ausgedrückt. Aber all das macht England natürlich auch so besonders liebenswert – und zu einem überaus entdeckungsreichen Abenteuer mit Kindern.

Abenteuer Sprache
Interessant für viele Kinder ist auch das Erleben der englischen Sprache. Da heutzutage schon Grundschüler ersten Unterricht in der Fremdsprache haben, sind sie meist begierig, das Wissen direkt im Land anwenden zu können. Kleine Bestellungen lassen sich durchaus bewerkstelligen. Aber auch Jugendliche freuen sich über Erfolgserlebnisse und die praktische Anwendung des Englischen. So manche Sehenswürdigkeit ist schon aus dem Unterricht bekannt. Ein besonders reines Englisch soll übrigens nicht nur in Oxford gesprochen werden, sondern auch in Eastbourne.

Weltstadt London
London gehört natürlich zu den Weltstädten, die man einfach kennen sollte. In der britischen Hauptstadt pulsiert das Leben, von hier aus gehen Trends in die ganze Welt. Unzählige Sehenswürdig-

Kleine Hilfestellung bei der Straßenüberquerung

Wie viel ist ...?

£ 1 = € 1,15
1 inch = 2,54 cm
1 foot = 30,48 cm
1 yard = 0,91 m
1 mile = 1,61 km

keiten wie die Tower Bridge, Big Ben, der Buckingham Palace oder Madame Tussauds warten auf ihre Entdeckung. Eltern, die selbst zuletzt als Schüler in London waren, finden nicht nur eine völlig neue Skyline der Stadt vor, sondern auch einige neue Attraktionen, dazu gehören unter anderem das London Eye oder die Millennium Bridge. Selbst die Wege von einer Attraktion zur nächsten werden in London zu einem eigenen Abenteuer: rote Doppeldecker, schwarze Taxis, Boote auf Themse und Kanälen sowie das älteste U-Bahnnetz der Welt sorgen für spannende Fahrten. Zur Erholung zwischendurch laden die großen Parks und Grünflächen ein, von denen London so viele besitzt wie kaum eine andere Stadt.

Urlaub im Süden

Wie gut, dass Englands Hauptstadt im Süden der Insel liegt. Damit ist sie nicht nur schnell zu erreichen, sondern punktet zusätzlich durch die Nähe zur Küste. Schnell mal einen Abstecher nach Brighton oder Southend – kein Problem. Auch Oxford, Dover oder Hastings lassen sich von hier aus entdecken. Wer nicht nur einen Städtetrip vorhat, kann nach einigen Tagen in London noch Urlaubszeit an der See anschließen.

Strand, Wald und Kreidehügel

Natürlich kann der Südosten Englands auch mit seiner Landschaft und seinem Klima punkten. Es ist durch den Einfluss des Golfstroms mild im Süden und die Sonne scheint überdurchschnittlich viel. Wenn es doch mal regnet, schaut sie schon bald wieder hinter den Wolken hervor. Der sprichwörtliche Londoner Nebel kommt ebenfalls längst nicht so häufig vor, wie man annehmen könnte, und wird die Reisefreuden schon gar nicht in den warmen Monaten trüben. Von Kent über Sussex bis nach Hampshire, den südöstlichen Grafschaften, zeigt die Natur sich von ihrer schönsten Seite. Steilküsten bei Dover oder in den South Downs ermöglichen herrliche Ausblicke. Schafe grasen, Möwen schreien und im New Forest streunen Ponys über die Heide – wo kann man das sonst erleben? Nicht zu vergessen natürlich die Küste mit

Unbekannte Vierbeiner

Ungewohnte Anblicke erwarten deutsche Urlauber auch in Zoos und Tierparks. Im **Wetland Centre** (siehe S. 94) leben Ostschermäuse, im **Londoner Zoo** (siehe S. 51) Okapis, im **Wingham Wildlife Park** (siehe Kasten S. 70) Erdferkel sowie Wallabys. In **Chessington** (siehe S. 92) lässt sich in Erfahrung bringen, wie Agutis aussehen. In **Woburn** (siehe S. 87) kann man sogar auf Safari gehen und Löwen, Giraffen oder Elefanten begegnen.

Surfen

Während man im deutschen Sprachgebrauch unter „Surfen" gemeinhin das Windsurfen versteht, ist das in England anders. Ein Surfkurs bezieht sich auf das Erlernen des Wellenreitens nur mit einem Brett. Diese ist die am weitesten verbreitete Form des Surfens in England. Wer also Windsurfen oder auch Kitesurfen lernen möchte, muss hier genau auf die Wortwahl achten und gegebenenfalls lieber nachfragen.

herrlichen Stränden. Dass es nicht so heiß ist wie am Mittelmeer, stört Kinder nicht. Hauptsache, sie können buddeln, Burgen bauen und die Füße ins erfrischende Wasser stecken.

Sport und Abenteuer

An der Küste haben vor allem Jugendliche ihren Spaß auf einem Surfbrett. Auch wer Segeln lernen möchte, findet hier zahlreiche entsprechende Anbieter. Zudem wurde in den letzten Jahren das Fahrradnetz ausgebaut und vielerorts wird heutzutage ein Fahrradverleih angeboten. Das National Cycle Network NCN unterhält eine Vielzahl an schönen Routen auch in Südengland. Wer sich also im Urlaub sportlich betätigen will, findet in Südengland reichlich Gelegenheiten dazu.

Historische Spuren

London und der Südosten Englands sind gespickt mit historischen Spuren.

In Höhlen und auf mittelalterlichen Burgen tauchen auch Kinder gern in die Vergangenheit ein. Genau wie in den Museen ist man hier sehr bemüht um die jungen Besucher. Oft gibt es Trails für Kinder, Rundgänge anhand eines Papiers oder Heftchens mit Ratespielen, kindgerechten Informationen oder Ausmalbildern. Wenn die Eltern ein wenig beim Übersetzen helfen, kommen auch deutsche Kinder damit klar. Audioguides sind häufig ebenfalls in einer Kinderversion erhältlich. Bei ihrer Benutzung sollten aber schon mindestens Grundkenntnisse im Englischen vorhanden sein. Ganz ohne Sprachkenntnisse lassen sich die Hands-on-Objekte bewundern und betasten. Viele Museen besitzen Stände mit solchen Exponaten, bei denen das Anfassen ausdrücklich erwünscht ist.

British Museum

*Wer sich für Geschichte interessiert, sollte einen Abstecher ins **Britische Museum** nicht verpassen. In der Hamlyn Library erhalten Familien kostenlose Rundgänge, am Infotresen Backpacks, mit denen Kinder als Detektive ihren Weg durchs Museum suchen. Täglich zwischen 11 und 16 Uhr werden in mehreren Räumen Objekte zum Anfassen gezeigt (hands on). Great Russell Street, London WC1B 3DG, Tel. +44 (0)20-73 23 80 00, www.britishmuseum.org. Tägl. 10-17.30 Uhr. Eintritt frei.*

Mit dem Nachwuchs essen gehen

Während man auf der einen Seite sehr um die junge Generation bemüht ist, gibt es andere Bereiche, in denen (jüngere) Kinder nicht ganz so gern gesehen sind. Somit kann es vorkommen, dass Unterkünfte eine Altersgrenze setzen. Eine Auswahl an kinderfreundlichen Campingplätzen und Hotels finden Sie hinten in diesem Buch (S. 104 und 109). Auch in Restaurants kann es sein, dass zum Dinner am Abend Kleinkinder unerwünscht sind. Gleichzeitig gibt es genügend andere Restaurants, in denen Kinder herzlich willkommen geheißen werden, sie von einer eigenen Karte wählen dürfen und oft etwas zur Beschäftigung wie Ausmalbögen und Stifte erhalten. Rauchen ist seit 2007 in sämtlichen Restaurants sowie Pubs untersagt.

Richtige Planung

Museen sind häufig kostenfrei, während große Attraktionen im Allgemeinen teurer sind als in Deutschland. Andere Sehenswürdigkeiten bieten dafür meist den Kindertarif bis zu einem Alter von 15 oder 16 Jahren an, was das Budget wieder entlastet. Dabei sind verschiedene Pässe hilfreich, die schon vorab von Deutschland aus erworben werden können (siehe S. 105). Bei den meisten Attraktionen lohnt sich die Planung im Voraus, denn durch rechtzeitige Onlinebuchung kann oft viel Geld gespart werden.

Die beste Reisezeit liegt zwischen Mai und Oktober. Im Juli und August kann es an der gesamten Küste und an den bekanntesten Sehenswürdigkeiten recht voll werden, denn dann haben auch die englischen Schulkinder Ferien und

machen mit ihren Eltern Urlaub. Das gilt ebenfalls für die Bank-Holiday-Tage (siehe Kasten S. 106). Auf der anderen Seite werden gerade zu diesen Zeiten viele Aktivitäten für Familien angeboten. Deutsche Kinder erhalten hier zwanglos die Möglichkeit, Kontakte zu englischen Kids zu knüpfen.

Wer die Möglichkeit hat, an einer der typisch englischen Veranstaltungen teilzunehmen, kann den britischen Humor und den Hang zu ausgelassenem und bisweilen auch verrücktem Verhalten studieren. Pfannkuchenrennen und Salutschüsse für die Königin, Morris-Tänze und das Feuerwerk zur Guy Fawkes Night gehören zweifellos zu den ganz besonderen Vergnügungen, die deutsche Familien nicht so leicht vergessen werden (siehe Feste & Veranstaltungen ab S. 115).

Mmmh, lecker. Die typisch englischen „chips" sind extra breit geschnitten

Was Eltern wissen sollten

Die englische Südküste ist für einen Familienurlaub ideal. Das finden auch die Briten und genießen scharenweise in den Ferien, an Wochenenden und Feiertagen ihre Strände. Zu diesen Zeiten muss man sich also auf viele Menschen einstellen – aber das ist an Nordsee und Mittelmeer ja nicht anders. Voll ist es auch in London, und das das ganze Jahr über. Dreißig Millionen Touristen tummeln sich jährlich in den Straßen. Da gibt es oft ein Gedränge und jüngere Kinder sollten fest an der Hand gehalten werden. In Museen kann ein Treffpunkt

Ebbe und Flut

Englands Strände unterliegen den Gezeiten. Weil Baden bei Ebbe nur bedingt möglich ist, sollten Sie sich über die Tidezeiten informieren. Sie werden an den meisten Stränden ausgehängt und können bei den Touristinformationen vor Ort erfragt werden. Außerdem sind sie auf www.tidetimes.org.uk aufgelistet. Ablaufendes Wasser kann aber auch von Vorteil sein, denn so mancher Strand enthüllt erst dann seinen Sand, während der obere Abschnitt noch Kies enthält.

vereinbart werden. Vorsicht ist im Straßenverkehr geboten, wo nicht nur der Linksverkehr zu beachten ist. Die meisten Engländer interessiert es nicht, ob die Ampel Rot oder Grün zeigt – und die Touristen machen es nach. Vor allem jüngeren Kindern sollte man dieses Verhalten erklären. Weil langes Laufen müde Beine macht, sollten unbedingt bequeme und eingelaufene Schuhe ins Gepäck. Ratsam ist es auch, genügend Ruhepausen einzuplanen.

Ganz ohne Verluste

In großen Orten wie Brighton sind an Strandbüros kostenlose Armbänder für Kinder erhältlich, auf die man die Kontaktdaten der Eltern eintragen kann. Geht ein Kind verloren, sind seine Eltern

Praktisch am Strand: In den bunten Beach Huts findet vieles seinen Platz

darüber schnell wiedergefunden. Um Kindern die Orientierung zu erleichtern, sind Strandabschnitte häufig mit Schildern gekennzeichnet, die ein bestimmtes Signum abbilden. Die Kleinen müssen sich nur „ihr" Symbol merken und finden leicht zum Platz der Eltern zurück.

Sicher am Strand

Ist es im Juli und August warm genug zum Schwimmen, sind eventuell Schwimmschuhe ratsam. Entlang der Südküste kommt nämlich das Petermännchen (weever oder weaver fish) vor, ein Fisch, der sich in den Sand einbuddelt und so nur schlecht erkennbar ist. Er besitzt giftige Stacheln, deren Stiche starke Schwellungen hervorrufen. Das Gift ist relativ harmlos, aber ein Arztbesuch ist danach auf jeden Fall ratsam. Die Wunde sollte mit möglichst heißem Wasser ausgewaschen werden. Genau kennen sollte man auch die Bedeutung der Fahnen, die an den Strän-

Ob Sonne oder Regen: Am Strand können sich die Kids richtig austoben

den wehen (siehe Kasten). Die Blaue Flagge (Blue Flag) ist eine Auszeichnung für besonders sauberes Wasser und hohe Sicherheitsstandards. In England durften 2012 insgesamt 70 Strände mit der Blauen Flagge für sich werben, darunter 13 im Südosten. Ob Ihr Strand dabei ist, können Sie unter www.blueflag.org nachsehen.

Sonnenbad in England?

Sonnenschutz ist auch in England ein Thema, denn die Sonne kann durchaus heiß vom Himmel brennen und am Meer ist die Gefahr eines Sonnenbrands durch die hohe Reflektion noch schneller gegeben. Neben Sonnenmilch mit hohem Lichtschutzfaktor sollten daher auch Sonnenhüte und gute Sonnenbrillen im Gepäck sein.

England besitzt sowohl Sand- als auch Kiesstrände, manchmal ist auch beides vorhanden oder der Sand kommt nur bei Ebbe zum Vorschein. Wer Wert auf einen Sandstrand legt, sollte sich den

> ### Was weht denn da?
> *An den englischen Stränden werden Sie so manche Fahne entdecken. Weht es rot-gelb, wissen Sie, dass hier Rettungsschwimmer das Geschehen im und am Wasser überwachen. Gebadet werden darf in den Bereichen zwischen den Fahnen und den Bojen. Weht eine rote Fahne, ist das Baden verboten! Eine schwarz-weiß karierte Fahne hingegen bedeutet, dass es sich hier um ein reines Surfgebiet handelt.*

Nur für Kinder! Mit dem Boot können die Kleinen eine Auszeit genießen

Urlaubsort auch nach diesem Kriterium aussuchen. Kies heißt „pebble" oder, noch etwas gröber, „shingle".

Aktive Kids

Spielplätze in England sind meist vollständig umzäunt, häufig auch bewacht und nachts abgeschlossen. Zutritt haben Erwachsene nur in Begleitung von einem Kind. Typisch sind auch kleine Bootsteiche nur für Kinder (children's pond). In kleinen Tretbooten können die Jungmatrosen hier übers Wasser schippern. In den Sommermonaten werden an vielen Stränden und in Parks Hüpfburgen und Waterball Pools aufgebaut. In Letzteren steigen die Kinder in große, durchsichtige Kugeln ein, die aufgeblasen werden. Darin können sie dann übers Wasser rollen.

Gesund im Urlaub

Die medizinische Versorgung erfolgt über den National Health Service (NHS), der alle EU-Bürger kostenlos behandelt, das Vorlegen eines Personalausweises oder Reisepasses genügt. Hilfreich im Notfall kann dennoch die europäische Krankenversicherungskarte sein, die Sie bei Ihrer Krankenversicherung erhalten. Im Krankheitsfall sollten Sie sich an einen Allgemeinmediziner (general practitioner), Zahnarzt (dentist) oder Kinderarzt (paediatrician) wenden, der für den NHS arbeitet. Auch wenn Sie einen Arzt zu sich rufen, sollten Sie sich vergewissern, dass Sie wie ein Patient des Nationalen Gesundheitsdienstes behandelt werden. Der Spitzenverband gesetzlicher Krankenkassen GKV empfiehlt die Frage: „I would like to be treated under the National Health Service, will you please treat me on this basis?" Sie finden Ärzte in Ihrer Nähe unter www.nhs.uk. Eine private Auslandsreise-Krankenversicherung deckt im Notfall auch Zusatzkosten wie Rücktransport oder in Großbritannien fällige Zuzah-

Kleiner Familien-Sprachführer

Babynahrung/-milch – baby food
Buggy – pushchair
Flaschenwärmer – bottle warmer
Gitter-/Kinderbett – cot
Hochstuhl – high chair
Kinderarzt – paediatrician
Kinderkarte – children's menu
Kinderwagen – pram
Kleinkind – toddler
Lätzchen – bib
Schnuller – dummy, soother
Schwimmflügel – water wings
Taucherbrille – diving goggles
Wickelraum – changing facilities, baby changing room
Windeln – nappies

Sind die Engländer wirklich so höflich?

Menschenschlangen etwa beim Einsteigen in den Bus sind nach wie vor Usus und Höflichkeit ist oberstes Gebot. Auch die Regel, dass sich in der U-Bahn selbst derjenige entschuldigt, dem auf den Fuß getreten wurde, ist keine Legende. Die zuvorkommende und sehr freundliche Behandlung auch in Restaurants ist bisweilen gepaart mit lockeren Sprüchen wie „hi guys".

lungen. Diese entstehen z. B. bei zahnärztlichen Behandlungen (Jugendliche bis 18 Jahre sind davon ausgenommen). Pro verschriebenem Medikament wird eine Gebühr fällig (£ 7,65, nicht für Kinder unter 16 Jahren). Ein Rezept heißt „prescription", die Apotheke „pharmacy" oder „chemist".

Verkehrte Welt

Autofahren in England empfinden die meisten Urlauber als einfacher als gedacht. Wer konzentriert links fährt und dies auch bei den häufig vorkommenden Kreiseln bedenkt, hat nichts zu befürchten. Im Leihauto sind die Pedale genauso angeordnet wie in deutschen Autos, nur geschaltet werden muss mit der linken Hand. Im eigenen kontinental gebauten Wagen ist ein Beifahrer beim Überholen hilfreich, weil er die bessere Sicht hat. Parken ist selten kostenlos, weit verbreitet sind Parkscheinautomaten (Pay and Display). An Straßen mit

einer durchgezogenen gelben Linie am Rand dürfen Sie kurz halten, bei zwei gelben Linien gilt absolutes Halteverbot. In London direkt ist Autofahren weniger zu empfehlen: Mautgebühr (siehe S. 110) und Parken sind teuer und mit der U-Bahn sind Sie gewöhnlich sowieso schneller unterwegs.

Kindgerecht schlafen

Inwieweit Hotels auf kleinere Kinder eingerichtet und ob Babybetten oder Hochstühle vorhanden sind, sollten Sie im Zweifel vorab klären. Bei Bed & Breakfasts ist man meist in einem Zimmer eines Privathauses untergebracht. Das Guest House ist etwas größer, manche ähneln schon kleinen Hotels. Besonders auf Familien eingestellt sind natürlich Campingplätze und Holiday Parks. Spielplätze und Indoor-/Outdoorpools sowie Restaurants sind auf dem Gelände zu finden, eine familienfreundliche Ausstattung ist Standard. Bei Bedarf sollten Sie aber auch hier vorab nach Kinderbetten fragen. Einige kinderfreundliche Plätze und Unterkünfte finden Sie auf den Seiten 104 und 109.

Familienfreundliche Unterkünfte finden Sie im Buch auf S. 109

Essen & Trinken

Befürchtungen wegen des englischen Essens sollten Sie über Bord werfen. Überall kann man hervorragend essen, und das nicht nur, aber auch dank Jamie Oliver (siehe Kasten S. 67), dem Fernsehkoch und Autor einiger Kochbücher. Eine stattliche Anzahl englischer Köche wurde mit Michelin-Sternen ausgezeichnet. Es gibt also keinen Grund, die englische Küche meiden zu wollen!

Breakfast, Lunch & Dinner

Zugegeben, das englische Frühstück ist nicht jedermanns Sache. Da als Einstieg Cornflakes immer zu haben sind, dürften auch Kinder morgens satt werden. Anschließend lässt sich das warme Frühstück ordern, wahlweise mit Spiegel- oder Rührei (fried oder scrambled eggs), Würstchen (sausages), Speck (bacon), Bohnen (beans) und manchmal auch mit Tomate (grilled tomato). Anschließend wird Toast serviert. In vielen Hotels ist auch ein Continental Breakfast erhältlich. Dann bekommen Sie Toastbrot, Croissants, Aufschnitt und Marmelade. Lunch nennt sich das Mittagessen. Es wird im Allgemeinen in ungezwungenerer Atmosphäre eingenommen als das abendliche Dinner und ist weniger gehaltvoll. Eine Suppe, ein Sandwich oder eine Pastete sind typische Mittagsgerichte. Zwischendurch nimmt der Engländer seinen Afternoon Tea zu sich.

Internationale Küche

Die englische Küche ist, auch durch Englands Vergangenheit als Kolonialmacht, stark international geprägt. Vor allem

> ### Essen wie der Schäfer
>
> *Shepherd's Pie* schmeckt auch zu Hause! Dafür 500 g Kartoffeln kochen und mit 200 ml warmer Milch und darin geschmolzenen 25 g Butter zu einem Püree zerdrücken, salzen. Inzwischen 600 g Hackfleisch mit Würfeln von einer Zwiebel krümelig anbraten, mit 3 EL Tomatenmark, Salz, Pfeffer und 100 ml Gemüsebrühe würzen. Das Fleisch in eine gefettete, feuerfeste Form füllen, darüber wahlweise Erbsen und Möhren verteilen, darauf den Kartoffelbrei schichten, Butterflöckchen darüber verteilen. Bei 200 Grad (Umluft: 180 Grad) Celsius 30 Minuten backen.

indische Restaurants sind hier überaus häufig anzutreffen. Currygerichte erfreuen sich großer Beliebtheit. Dabei handelt es sich um ein Hauptgericht mit Fleischstückchen in Soße, manchmal auch mit Fisch oder Gemüse. Dazu wird Reis oder Naan-Brot serviert. Bei dem Currygericht „Chicken Tikka Masala" werden Hähnchenfleischstückchen in einer milden Tomatensauce geschmort.

Wer mit seinen Kindern Pizza oder Pasta bevorzugt, findet ebenfalls eine große Anzahl an italienischen Restaurants. Etwas weiter verbreitet als in Deutschland sind hier auch vegetarische Restaurants. An der Küste gibt es außerdem eine große Anzahl an Fischrestaurants (seafood restaurants).

Die englischen Klassiker sind eher in Pubs erhältlich. Dazu gehört beispielsweise der Ploughman's Lunch, eine dicke Scheibe Käse mit Brot und Gewürzgurke. Bei Kindern beliebt ist der Shepherd's Pie (siehe Kasten). Dabei wird Hackfleisch mit Kartoffelbrei überbacken. Früher wurde das Gericht dem Schäfer auf seine Weide gebracht und dank der Kartoffelkruste hielt es besonders lange warm.

Typisch englisch

Traditionell sonntags wird der Sunday Roast gegessen. Einige Pubs und Restaurants bieten das Gericht tatsächlich nur sonntags an, andere durchaus die ganze Woche. „Roast" selbst bezeichnet nur den Braten. Dieser kann aus jeder Art von Fleisch zubereitet werden, z. B. Rind (beef), Huhn (chicken), Lamm (lamb) oder Schwein (pork). Als Beilagen dienen Röstkartoffeln, Gemüse (meist Erbsen) und Yorkshire Pudding. Der wird aus einer Art Pfannkuchenteig hergestellt und unter dem Braten im Ofen gegart. Da Engländer Soßen lieben, darf diese natürlich nicht fehlen. Zu Lammgerichten wird traditionell eine Minzsoße gereicht, zu Rind Meerrettich- (horseradish) oder eine Senfsoße (mustard), zu Schweinebraten eine Apfelsoße.

Pies werden gebacken. Dabei wird entweder etwas überbacken oder es handelt sich um geschlossene Teigtaschen. Beide Formen gibt es in herzhafter und süßer Variante. Als Kruste kommen Blätteroder Mürbeteig in Frage.

Eine geschlossene Teigtasche ist auch die Cornish Pasty. Die Arbeiter in den Zinnbergwerken nahmen die halbrunden heißen Taschen gern mit unter die Erde, denn durch den Teigmantel hielten sie sich lange warm. Inzwischen finden sich selbst in London Stände, an denen die leckeren Pasteten verkauft werden. Die typische Füllung besteht aus Fleisch, Kartoffeln, Zwiebeln und Steckrüben (swedes).

Fish & Chips sind nach wie vor sehr beliebt in Großbritannien. Erhältlich ist der Fisch mit Pommes frites sowohl an Ständen zum Mitnehmen in der typischen Papiertüte als auch in Pubs und sogar in Restaurants. Dort hat man manchmal sogar die Wahl zwischen verschiedenen Fischsorten, nicht nur den üblicherweise verwendeten Kabeljau (cod), sondern auch Schellfisch (haddock) oder Heilbutt (halibut). Fish & Chips mögen auch die meisten Kinder – oder zumindest die Chips, die in England etwas dicker als hierzulande zubereitet werden. Auf der Kinderkarte findet man ansonsten gern Nudeln oder Würstchen (bangers). Hinter dem merkwürdig

Mit einem Sunday Roast wird traditionell der Sonntag beendet

Der Klassiker: Fish & Chips sind in England an jeder Ecke erhältlich

Wasser ohne Kohlensäure. Wasser mit Kohlensäure muss ausdrücklich geordert werden (sparkling oder fizzy water). Im Restaurant bekommen Sie manchmal zu Ihrem Getränk ein Glas Leitungswasser dazu (tap water). Sie können aber auch immer danach fragen, es wird generell nichts extra dafür berechnet.

Kinder ab 14 Jahren erhalten in Begleitung eines Elternteils Zutritt in einen Pub, wenn Speisen bestellt werden. Mit jüngeren Kindern sollte man im Zweifelsfall einfach nachfragen, denn oft gibt es auch ein spezielles Familienzimmer (Family Room). Im Garten dürfen Familien ebenfalls ganz unabhängig vom Alter der Kinder sitzen.

klingenden „Toad in the Hole" verbirgt sich ein Würstchen im Schlafrock. Und was gibt es zum Nachtisch? Schokoladenkuchen (chocolate cake) ist genauso anzutreffen wie Käsekuchen (cheese cake), oft mit Soßen angerichtet, z. B. Schokosoße oder Custard, einer Art Vanillesoße. Typisch englisch ist der Crumble: Kleingeschnittenes Obst wird mit Streuseln überbacken und mit einer Kugel Eis serviert.

Getränkeauswahl

An heißen Getränken bevorzugt der Engländer nach wie vor seinen Tee. Somit ist der Kaffee in Hotels oft nicht besonders gut. Wer sich zwischendurch aufmuntern möchte, sollte zu einer der bekannten Kaffeehausketten ausweichen. In einem Pub wird alles direkt an der Theke bestellt. Ein Pint Bier entspricht dabei 0,56 l. Es wird sogar Wein im Süden Englands angebaut, und der kann sich durchaus sehen – und schmecken – lassen. Aufgepasst: Bestellen Sie einfaches „water", bekommen Sie immer

Kulinarischer Sprachführer

batter – eine Art Pfannkuchenteig, auch als Teighülle für Fish & Chips
black pudding – Blutwurst
carvery – in Scheiben geschnittenes Fleisch
course – Gang
custard – Vanillesoße, Englische Crème
dessert – Nachtisch
gravy – Bratensoße
jacket potato – Folienkartoffel
main dish – Hauptgericht
mashed potatoes, mash – Kartoffelbrei
peas – Erbsen
Ploughman's Lunch – Brot mit Käse und Gurke
puff pastry – Blätterteig
rocket – Rucola
starter – Vorspeise

KINDERFREUNDLICHE STRAND- & FREIBÄDER

Hampton Open-Air-Pool

Im Südwesten Londons liegt der Stadtteil Richmond, zu dem auch Hampton gehört. Direkt am Bushy Park lädt ein Freibad zu einem erfrischenden Sprung ins Wasser ein – das ganze Jahr über! Da das Wasser auf ca. 28 Grad beheizt wird, lässt sich hier selbst an kühleren Tagen schwimmen. Gleich neben dem 36 Meter langen Pool liegt das Nichtschwimmerbecken. Im Sommer können die Kinder auf Pinguinen und einem Eisbären herumturnen oder von der aufblasbaren Insel ins Wasser springen. Das Sun Deck Café bietet Flapjacks (Haferkekse) und Porridge, aber auch Eis, heiße und kalte Getränke und Sandwiches an. Auf der Terrasse des

Hampton Court Palace

*Henry VIII. machte **Hampton Court Palace** zu seinem Wohnsitz. Besonders sehenswert sind die Große Halle und die Küche der Tudors. Kinder mögen die Ausstellung über den jungen Heinrich, den Geisterpfad (ghost family trail) und die „lebenden Tudors". Wer Zeit hat, wagt sich ins 1.300 Quadratmeter große Heckenlabyrinth (maze). East Molesey, Surrey KT8 9AU, Tel. +44 (0)20-31 66 60 00, www. hrp.org.uk. Tägl. 10-16.30 Uhr. Erw. £ 16,95, Kinder (5-16 J.) £ 8,50, Familien £ 43,46.*

Der Eisbär lädt den ganzen Sommer über zum Klettern und Rutschen ein

Cafés ist genauso Platz zum Sonnen wie am Poolrand oder auf der Liegewiese. Der **Bushy Park**, einer der neun königlichen Parks von London, lässt sich am besten von Hampton Court aus erkunden. In der Nähe des kreisrunden Diana-Springbrunnens gibt es einen Teich für Modellboote und einen Spielplatz.

Hampton Pool, High Street, Hampton, Middlesex TW12 2ST, Tel. +44 (0)20-82 55 11 16, www.hamptonpool. co.uk. Mo-Fr 6-21, Sa/So 9-17 Uhr. Kleiner Pool zeitweise belegt wegen Schwimmkursen (an Schultagen Mo/ Mi/Fr 16-18, Di ab 17, Do ab 16, Sa 9-12 Uhr). Erw. £ 5,70, Kinder (4-15 J.) £ 3,25, Familien £ 16,30.
Anfahrt: *Bahn oder U-Bahn bis Richmond Station oder Bahn bis Hampton Court, dort Bus R 68 bis Hampton Pool.*

Tooting Bec Lido

Das größte Freibad Englands und zweitgrößte in Europa befindet sich im Londoner Süden. Der Pool ist stolze 100 Yards lang (91,5 m) und 33 Yards breit (30,2 m). Somit gibt es hier viel Platz zum Schwimmen. Das Becken beginnt auf der einen Seite flach (shallow end) und wird dann immer tiefer. Eine Kette trennt den Nichtschwimmer- vom Schwimmerbereich. Für kleinere Kinder ist außerdem ein Planschbecken vorhanden. Wer zwischendurch ein Sonnenbad nehmen möchte, kann sich auf der Liegewiese ausstrecken. Das 1906 eröffnete Schwimmbad strahlt trotz Modernisierungen den alten Art-déco-Charme aus. Vor allem die in den 1930er-Jahren entlang der Poolseite erbauten bunten Badekabinen sorgen für das unverwechselbare Gesicht des Bads. Für den kleinen Hunger zwischendurch lassen sich im dazugehörigen Lido Café Snacks erstehen.

Tooting Bec Lido, Tooting Bec Road, Greater London SW16 1RU, Tel. +44 (0)20-88 71 71 98, www.wandsworth. gov.uk. Tägl. Juni-Aug 6-20, Sep 6-16.30, Planschbecken tägl. Juni-Aug 10-18 Uhr. Erw. £ 6, Kinder (5-16 J.) £ 3,70, Familien £ 15,70.
Anfahrt: *U Tooting Bec, von dort 1,6 km zu Fuß oder Bus 319 oder 249.*

Nach dem Sightseeing wird der Tag im Freibad lustig verplanscht

Diana Memorial Fountain: eine Oase zum Abkühlen mitten in der Stadt

Serpentine Lido

Abkühlung von der Großstadt verspricht an heißen Sommertagen das Serpentine Lido (Strandbad) in Londons Hyde Park. In dem lang gestreckten See wurde ein 100 Yard (91 m) langes Gebiet für Schwimmer abgeteilt. Für Kinder gibt es auf dem Gelände ein rundes Planschbecken, gleich nebenan können sie sich auf dem Spielplatz austoben. Für ein Sonnenbad lassen sich Liegestühle ausleihen. Im Lido Café sind Speisen und Getränke erhältlich. Der Serpentine-See entstand schon 1730, als man den Fluss Westbourne auf Wunsch von Königin Caroline, der Frau von George II., staute.
Wer nur kurz seine Füße kühlen möchte, kann den **Diana Memorial Fountain**

Jetzt fahr'n wir übern See
Am Nordufer des Serpentine-Sees steht das neue Bootshaus. Dort können Sie Ruder- und Tretboote ausleihen. Zu bestimmten Events sowie von Juni bis August ab 12 Uhr umrundet außerdem der Solarshuttle den See und bringt Sie vom Nord- zum Südufer und umgekehrt.
***The Boat House**, Serpentine Road, Hyde Park, London W2 2UH, Tel. +44 (0)20-72 62 13 30, www.solarshuttle.co.uk. Ostern-Okt tägl. ab 10 Uhr bis Sonnenuntergang. Bootsverleih 1 Std: Erw. £ 10, Kinder (bis 15 J.) £ 5, Familien £ 25.*

aufsuchen. Der steinerne Bachlauf windet sich wenige Meter neben dem Lido in einem geschwungenen Oval durch den Hyde Park. Zu fast jeder Jahreszeit sieht man hier Groß und Klein mit hochgekrempelten Hosen am Rand sitzen oder durchs Wasser waten. Er ist täglich ab 10 Uhr geöffnet, im Sommer bis 20 Uhr.

Serpentine Lido, Hyde Park, London W2 2UH, Tel. +44 (0)20-77 06 34 22, www.royalparks.gov.uk. Mai Sa/So, Juni-Mitte Sep tägl. 10-18 Uhr. Erw. £ 4, Kinder (3-15 J.) £ 1, Familien £ 9, Ermäßigung ab 16 Uhr. Lido Café, www.royalparks.org.uk. Tägl. ab 8 Uhr. Kinderteller £ 4,60.
Anfahrt: *U Hyde Park Corner oder Knightsbridge. Mit dem Bus: Linie 9, 10, 52 oder 70 zur Royal Albert Hall.*

Kunst auch für Kids

Nur einen Katzensprung vom Hyde Park Lido entfernt bietet sich ein Besuch der **Serpentine Gallery** *an. Sie befindet sich auf der anderen Seite der Ringstraße in den Kensington Gardens. Jedes Jahr im Sommer (Mitte Juli-Mitte Okt) errichtet ein anderer namhafter Künstler dort einen fantasievollen und frei zugänglichen Pavillon, den auch Kinder toll finden. Kensington Gardens, London W2 3XA, Tel. +44 (0)20-74 02 60 75, www.serpentinegallery.org. Galerie tägl. 10-18 Uhr. Eintritt frei.*

Parliament Hill Lido

Hampstead Heath ist ein großes Waldgebiet und beliebtes Naherholungsziel vieler Einwohner Londons. Es ist benannt nach der Heide, die hier wächst. Im Südosten des großzügigen Geländes erhebt sich der Parliament Hill fast hundert Meter über Normalnull. Hier steht zwar nicht das Parlament, aber man hat von dem Hügel einen sehr schönen Blick hinüber. Nicht nur Westminster ist von dort aus zu sehen, sondern auch bekannte Attraktionen wie beispielsweise das London Eye (siehe S. 34) oder das Finanzzentrum Canary Wharf.

Für sommerliche Erfrischung ist natürlich ebenfalls gesorgt. Das Freibad versprüht zwar noch den Charme der

Modernes Freibad mit dem Charme der 1930er: Parliament Hill Lido

1930er-Jahre, wurde aber mit modernen Annehmlichkeiten ausgestattet. So gibt es ein Planschbecken und das Schwimmbecken wurde vollständig erneuert. Es ist jetzt aus Stahl gefertigt und misst 60 mal 27 Meter. Da bleibt genug Platz, auch wenn heißes Wetter für einen Ansturm an Badegästen sorgt. Der flache Einstieg wurde vergrößert, so finden auch Kinder leichter in das Vergnügen. Nicht weit entfernt vom Freibad gibt es einen Spielplatz. Nehmen Sie den Weg an den Gleisen und an der Laufbahn vorbei. Zu dem Spielplatz gehört auch ein Planschbecken, das jährlich von Mai bis September geöffnet ist.

Parliament Hill Lido, Parliament Hill Fields, Gordon House Road, Hampstead NW5 1LT, Tel. +44 (0)20-74 85 38 73, www.cityoflondon.gov. uk. Tägl. Mai-Mitte Sep 7-9 u. 10-18, Mitte Sep-April 7-12 Uhr. Erw. £ 5,50, Kinder £ 3,50, Familien £ 14,50, Früh- und Winterschwimmen £ 2, Kinder (bis 16 J.) frei.

Anfahrt: *Overground bis Gospel Oak. Buslinie 24 bis Royal Free Hospital oder mit dem Bus C 11 bis Gospel Oak Station. Das Freibad befindet sich in der südöstlichsten Ecke von Hampstead Heath.*

Baden im Mixed Pond

Nicht nur im Becken, sondern auch im See können Sie in Hampstead Heath schwimmen. Wollen Sie die Familie nicht nach Geschlechtern aufteilen, wie im Men's und Ladies' Pond notwendig, sollten Sie den **Mixed Pond** *am östlichen Ende des Parks aufsuchen. Sie erreichen den Schwimmteich, wenn Sie die Bahn bis Hampstead Heath nehmen. Mai-Mitte Sep tägl. 7-18.30 Uhr. Erw. £ 2, Kinder £ 1. Geeignet für Kinder ab 8 Jahren. Weitere Informationen unter www.cityoflondon.gov.uk.*

London Fields Lido

Ganzjährig geöffnet ist der London Fields Lido im Stadtteil Hackney, nordöstlich vom Stadtzentrum. Mit 50 mal 17 Metern hat das große Becken Olympiamaße. Das Wasser wird auf 25 Grad beheizt. Nichtschwimmer können am flachen Ende ins angenehme Nass hüpfen. Die Tiefe dort beträgt einen Meter, am anderen Ende geht es bis auf zwei Meter hinab. Etwas abseits wartet ein quadratisches Becken auf kleine Planscher.

Der London Fields Lido wurde 1932 erstmals eröffnet, nach der Schließung 1988 erfolgte 2006 eine vollständige Sanierung. Der Charme der Zeit blieb dennoch erhalten, etwa in dem roten Backsteingebäude oder in den bunten Umkleidekabinen. Zwei Cafés versorgen die Badegäste mit Essen und Getränken.

Eine Sonnenterrasse ist vorhanden, jedoch keine Liegewiese (bei Londoner Freibädern sowieso rar gesät).

Nach dem Bad lohnt ein Abstecher in den Park **London Fields**, an dessen westlichem Rand sich das Freibad befindet. Hier gibt es einen Spielplatz ganz in der Nähe des **Pub on the Park** [19 Martello Street, Dalston E8 3PE, Tel. +44 (0)20-79 23 33 98, www.pubonthepark.com. Mo-Sa ab 11, So ab 12 Uhr] mit einem eigenen Biergarten. Ein weiterer Spielplatz befindet sich im südlichen Teil des Parks.

London Fields Lido, London Fields Westside, London E8 3EU, Tel. +44 (0)20-72 54 90 38, www.hackney.gov. uk. Mo-Fr 7-17.30 (Di ab 16.30 Uhr nur Frauen), Sa/So 8-16 Uhr. Erw. £ 4,30, Kinder (bis 15 J.) £ 2,60. **Anfahrt:** *Bahn bis London Fields, Fußweg 700 m oder U Hackney Central, Fußweg 1 km.*

Das Wasser des London Fields Lido hat ganzjährig angenehme 25 Grad

Southend-on-Sea

Am nördlichen Ufer der Themse-Mündung liegt Southend-on-Sea. Das Seebad besitzt nicht nur mehrere schöne Strände, sondern auch den längsten Vergnügungspier der Welt. Doch zunächst geht es ans Wasser! Der zentrale Strand ist der **City Beach**, der erst 2011 eine Generalüberholung erhielt. Moderne Lichtsäulen erleuchten den Strand nun bis zum Abend. Für Kinder gibt es eine erfrischende Wasserlandschaft.

Westlich vom Pier schließt sich ein zwar kleiner Strand an, der aber mit der Blauen Flagge für gute Qualität und feinem Sand punkten kann. Der **Three Shells Beach** ist nach dem hier ansässigen Café [Tel. +44 (0)1702-44 34 22, www.threeshells.co.uk. Tägl. ab 10 Uhr] benannt, dessen Dach geformt ist wie drei Muscheln. Am Strand befindet sich auch ein Spielplatz. Ebenfalls die Blaue Flagge besitzt **Jubilee Beach**, der sich nach Osten erstreckt. Er besteht sowohl aus Kies als auch aus Sand. Weitere Strände sind entlang der Küste zu finden.

Nach dem Sprung in die Nordsee lockt der Pier mit 2.158 Meter Länge. Den Eingang auf der Landseite bildet **Adventure Island** [Sunken Gardens, Western Esplanade, Southend-on-Sea SS1 1EE, Tel. +44 (0)1702-44 34 00, www.adventureisland.co.uk], ein riesiger Vergnügungspark mit Achterbahnen und Karussells. Mit einem farbigen Band lassen sich bestimmte Fahrgeschäfte nutzen: Das grüne Band (£ 18) eignet sich für Familien mit Kindern zwischen einem und 1,20 Meter Größe und beinhaltet zehn Fahrbetriebe, das rote Band (£ 12) ist für alle Kinder unter einem Meter Größe (14 Fahrgeschäfte). Die Eltern können ihre Kinder bei diesen beiden Bändern kostenlos begleiten. Mit dem blauen Band (£ 24) stehen dem Benutzer alle Bahnen offen, die Mindestgröße beträgt 1,20 Meter. Einzeln genutzt werden können Minigolf, Autoscooter und Formel-1-Wagen. Der Pier ist schmal und öffnet sich erst am Ende zu einer Plattform. Dorthin gelangen Sie entweder zu Fuß oder

Unterwasserwelt

Seepferdchen, Haie, Rochen und Piranhas erwarten Sie im Aquarium von Southend. Es befindet sich direkt am Strand unterhalb der Eastern Esplanade. **Sea Life Adventure**, *Eastern Esplanade, Southend-on-Sea SS1 2ER, Tel. +44 (0)1702-44 22 11, www.sealifeadventure.co.uk. Tägl. Feb-Okt 10-17, Juli/Aug bis 20, Nov-Jan Mo-Fr 11-17, Sa/So 10-17 Uhr. Erw. £ 9, Kinder (3-14 J.) £ 6, Familien £ 26, Online-Ermäßigungen.*

mit einem kleinen Zug. Angekommen können Sie die frische Luft und die weiten Ausblicke genießen, aber auch die Rettungsboot-Station besichtigen, eine Bootstour unternehmen oder auf dem Sonnendeck ein Eis schlecken [Southend Pier, Western Esplanade, Southend-on-

Nach dem Muschelnsammeln direkt zum Autoscooter

Sea SS1 1EE, Tel. +44 (0)1702-61 87 47, www.southend.gov.uk/pier. April-Okt Mo-Fr 8.15-18, Sa/So u. Juni-Aug tägl. bis 20, Nov-März tägl. 9.15-17 Uhr. Zug (April-Okt) Rückfahrticket Erw. £ 3,60, Kinder (3-16 J.) £ 1,80, Familien € 9,30. Zugang Nov-März £ 1].

Visitor Information Centre, Southend Pier, Western Esplanade, Southend-on-Sea SS1 1EE, Tel. +44 (0)1702-61 87 47, www.visitsouthend.co.uk. April-Okt Mo-Fr 8.15-17, Sa/So u. Juni-Aug tägl. bis 19, Nov-März tägl. 9.15-16 Uhr.
Anfahrt: *Auto: A 13 von London. Bahn: London Liverpool Street bis*

Der Pier von Southend-on-Sea ist stolze 2.158 Meter lang

Southend Victoria oder London Fenchurch Street bis Southend Central, Fußweg zum Strand 1,3 bzw. 0,6 km.

Margate – Main Sands und Westbrook Bay

Margate besitzt gleich zwei schöne Sandstrände. Beide sind je 200 Meter breit und wurden mit der begehrten Blauen Flagge für hohe Sicherheitsstandards und sauberes Wasser ausgezeichnet.

An den zentral gelegenen **Main Sands** ist immer etwas los. Wer gerade keine Sandburg baut, kann einen Eselsritt unternehmen, in der Hüpfburg auf und ab springen oder Karussell fahren. Deckchairs und Sonnenliegen können ausgeliehen werden. Die Strandabschnitte sind durch Schilder mit darauf abgebildeten Tieren gekennzeichnet – so finden Kinder den Platz der Eltern schnell wieder.

Mysteriös

Vom Main-Sands-Strand sind es etwa 700 Meter zu Fuß bis zur **Shell Grotto***, die mit unzähligen Muschelschalen bedeckt ist. 1835 entdeckte ein Einheimischer die Grotte zufällig. Man weiß bis heute nicht, wer dieses Kunstwerk geschaffen hat. Zur Grotte gehören das Eighth Wonder Café und das Mystery Museum. Grotto Hill, Margate, www.shellgrotto.co.uk. Karfreitag bis Halloween tägl. 10-17, sonst Sa/So 11-16 Uhr. Erw. £ 3, Kinder £ 1,50, Familien £ 8.*

Die Strände von Margate wurden für ihr sauberes Wasser ausgezeichnet

An der Promenade reihen sich Cafés, Eisverkäufer und Snackbars aneinander. Westlich von Main Sands liegt **Westbrook Bay**. Hier geht es ein wenig ruhiger zu. Für Spielspaß sorgt **Strokes Adventure Golf** [Westbrook Promenade, Tel. +44 (0)1843-29 49 70, www.strokes adventuregolf.com. April-Okt. Erw. £ 4, Kinder (ab 3 J.) £ 3, Familien £ 12]. 18 Löcher können gespielt werden. Die Anlage liegt direkt am Meer.

Margate Main Sands, Marine Terrace, Margate CT9 1XJ, und West-brook Bay, Royal Esplanade, Margate CT9 5DL, beide: Tel. +44 (0)1843-57 75 77 (Visitor Information Centre), www.visitthanet.co.uk.
Anfahrt: *Auto: A 28 von Canterbury. Zug: ab London St. Pancras bis Margate (400 m zu beiden Stränden).*

Camber Sands

Drei Kilometer goldener Sandstrand erwarten Sie in Camber Sands, 24 Kilometer östlich von Hastings und sieben Kilometer südlich des kleinen Städtchens Rye (siehe Kasten). Zusätzlich punktet dieser Strand mit einer herrlichen Dünenlandschaft, der einzigen in East Sussex. Die Dünen entstanden aus dem Sand, den der Wind Richtung Land bläst. Strandhafer sorgt nun dafür, dass der Sand nicht wieder abgetragen wird.
Wer es sportlich mag, den zieht es ans östliche Ende von Camber Sands. Dort werden Kitesurfen, Kiteboarden und Kitebuggying (Buggykiting) angeboten. Schon allein das Zuschauen macht viel Spaß. Wer gern selbst einmal zum Board greifen möchte, kann bei **Camber Kitesurfing** [24 Denham Way, Camber TN31 7XP, Tel. +44 (0)7960-58 74 82, www.camberkitesurf.com] für £ 100 einen Ein-Tages-Kurs buchen (Voranmeldung empfohlen).
Nicht am Meer, sondern an einem nahen See ist **Rye Watersports** [Northpoint Water, New Lydd Road, Camber TN31 7QS, Tel. +44 (0)1797-22 52 38, www.ryewatersports.co.uk] beheimatet. Auf dem Weg von Rye nach Camber kommt

SUP £ 48, für den Schnupperkurs Windsurfen (4 Std.) £ 79 und für den 2-Tages-Kinderkurs Windsurfen oder Segeln £ 120.

Kulinarisches in Rye

Für das leibliche Wohl ist in Camber Sands ebenfalls gesorgt. Am zentralen Strand ist das **Kit Kat Café** beheimatet [Old Lydd Road, Camber TN31 7RH, Tel. +44 (0)1797-22 24 13]. Hier werden Burger und Pommes, Eis und kalte Getränke serviert. Nah am Strand liegt oberhalb der Dünen **The Green Owl** [11 Old Lydd Road, Camber TN31 7RE, Tel. +44 (0)1797-22 52 84, www.thegreenowl.co.uk]. Hier können Sie Fish & Chips, Shepherd's Pie und sogar „Bubble and Squeak" probieren, ein traditionelles Reste-Essen aus Kartoffelbrei und grünem Gemüse, das beim Braten angeblich Blasen bildet und quietscht …

man hier direkt vorbei. Neben Segeln und Windsurfen wird auch SUP unterrichtet. Dabei bewegt man sich kniend oder stehend auf dem Surfbrett paddelnd fort. Daher kommt auch die Abkürzung SUP: Stand up paddle surfing. Im Angebot sind spezielle Kurse für Kinder, die Kosten betragen z. B. für zwei Stunden

Anfahrt: Auto: M 20 bis Ashford, A 2070 und A 259 bis Rye, Camber Road zum Strand vor Rye, weiter auf New Lydd Road. Bahn: ab London St. Pancras über Ashford bis Rye, dort Bus 70, 100 oder 292 zum Strand.

An grauen Tagen sind die Strände meist idyllisch ruhig: bestes Erkundungswetter

Hastings – Pelham Beach

Hastings' Strand ist fünf Kilometer lang und bietet reichlich Platz für Sonnenanbeter und Wasserratten. Er besteht hauptsächlich aus Kies, aber bei Ebbe kann man auch im Sand buddeln. Zu den Besonderheiten an der Promenade gehören die Net Shops. Dabei handelt es sich um hohe, schmale Holzhäuschen, in denen die Fischer ihre Netze aufhängten. Ebenfalls ungewöhnlich sind die beiden schrägen Standseilbahnen, die Strandbesucher an die Spitze des East oder West Hill bringen. Der East Hill Lift führt zum Country Park, der West Hill Lift zur Burg und den St. Clements Caves (siehe Kasten). Der Strand ist in acht Bereiche eingeteilt, die je mit einem Symbol gekennzeichnet sind, z. B. Seestern oder Delfin. Am Strandbüro sind kostenlose Armbänder erhältlich, auf denen Kontaktdaten stehen, falls Ihr Kind verloren geht. Liegestühle werden an der Lifeguard Station (unterhalb des Pelham Place) verliehen (halber Tag £ 1, ganzer Tag £ 1,80). Ganz in der Nähe und direkt am Strand lassen sich bei **Adventure & Crazy Golf** [Pelham Place, Hastings TN34 3AJ, Tel. +44 (0)1424-43 72 27, www.hastingsadventuregolf.co.uk. Tägl. Ostern-Sep 9-22, Nebensaison 11-16 Uhr. Erw. u. Kinder (ab 5 J.) £ 6,50, Kinder (bis 5 J.) £ 3,25, Familien (4 Pers.) £ 22, Crazy Golf Erw. £ 5,50, Kinder £ 2,75, Familien £ 18] die Schläger schwingen, und das gleich auf drei Parcours, darunter auch Piratengolf mit Schiffen, Kanonen und manch

Mit einer Standseilbahn fährt es sich leicht zum East oder West Hill

spritziger Überraschung. Schläger sind in fünf Größen erhältlich, sodass auch Kinder das passende Gerät bekommen. Nur einen Katzensprung weiter nach Osten befindet sich der Flamingo Family Fun Park, eine Art Jahrmarkt mit Fahrgeschäften wie Speed Wave oder Ghost Train, Autoscootern und Karussells. Eine Miniatureisenbahn tuckert den Strand entlang. Flotte Runden lassen sich bei

F8 Karting drehen, das eine Kartbahn für jüngere und eine für ältere Kinder und Erwachsene anbietet. Etwas geruhsamer geht es in den Schwanentretbooten zu, mit denen Sie entspannt über einen See schippern können.

*Tourist Information, Old Town Hall Museum, High Street, Hastings TN34 1EW, Tel. +44 (0)8452-45 11 11, www. visit1066country.com. Mai-Okt tägl. 10-16.30 Uhr, Nov-April nur Sa/So. **Anfahrt:** Auto: von Norden M 25, A 21, von Ost und West A 259. Parkplätze an der Promenade, z. B. am Pelham Place. Bahn: von London Charing Cross, 1 km Fußweg über Havelock Road und Wellington Place zum West Hill Lift.*

> ### Historisches, Abenteuerliches oder Maritimes?
> *Gleich drei Attraktionen hat Hastings Familien zu bieten. Auf der Burgruine wird die Zeit in der **1066 Story** dahin zurückgedreht, als die Eroberung der Insel durch die Normannen unter William the Conqueror ihren Anfang nahm. In den **St. Clements Caves** hingegen lebt die Zeit der Schmuggler in Smugglers Adventure wieder auf. Haie und Seepferdchen gibt es im **Blue Reef Aquarium** zu sehen. Infos unter www.discover hastings.co.uk.*

Brighton

Das größte Seebad Englands besitzt einen endlos langen Strand, der mit der Blauen Flagge für besonders sauberes Wasser ausgezeichnet wurde. Er zieht sich über acht Kilometer vom westlichen Ende bis zur Marina im Osten und besteht aus Kies – angeblich aus 614 Billionen Steinen. Das tut dem Vergnügen jedoch keinen Abbruch. Neben Badespaß locken hier vielfältige Sportangebote sowie verschiedene Spielplätze.

Östlich vom Brighton Pier, auf halber Strecke zur Marina, hat **Yellowave Beach Sports** sein Areal. Volleyball, Fußball, Badminton oder Frisbee – alles kann im

Brightons prunkvoller Vergnügungspier ist auch als Palace Pier bekannt

feinen Sand gespielt werden. Außerdem gibt es eine Boulderwand. Für Kinder aller Altersklassen gibt es ein eigenes Programm. Eltern können im Café auf ihren Nachwuchs warten. Gleich neben Yellowave befindet sich der Peter Pan

Playground. Jüngere Kinder fühlen sich auf den bunten Geräten pudelwohl und rutschen, klettern oder erfrischen sich an den Wasserspielen. In Grace's Place gibt es Kaffee, Sandwiches und Kuchen (tägl. 9-18 Uhr). Wer noch Lust hat auf eine Runde Abenteuergolf, ist hier genau richtig (£ 4 pro Person).

Direkt am Brighton Pier können Sie Minigolf spielen, welches man in England Crazy Golf nennt. 18 Bahnen gilt es dort zu bewältigen (£ 2,50 pro Person). Der Strand direkt westlich vom Pier nennt sich Pleasure Beach. Hier dreht sich in den Sommermonaten ein viktorianisches Karussell.

Noch weiter westlich, unterhalb der King's Road, am ehemaligen West Pier, ist die Infrastruktur für Familien ebenfalls gut. Auch hier gibt es einen Spielplatz. Ein Planschbecken und auch allerlei Wasserspiele stehen zwischen Ende Mai und Anfang September täglich von 10 bis 19 Uhr zur kostenfreien

> ### FATleo
> *In den sogenannten Lanes, einem hübschen Viertel mit schmalen Gassen nah am Brighton Pier, können Sie sich bei **FATleo** stärken. Wer Pizza oder Nudeln als Hauptgericht bestellt, kann zusätzlich eine Vorspeise oder einen Nachtisch wählen für insgesamt £ 7,50 (Sa £ 8,70), bei drei Gängen zahlen Sie £ 9,50 (Sa £ 10,70). 16-17 Market Street, Brighton BN1 BHH, Tel. +44 (0)1273-32 51 35, www.fatleo.co.uk. Tägl. 12-22 Uhr.*

Benutzung. Kostenpflichtig sind die Hüpfburg (£ 2,50) und die großen Wasserbälle zum Einsteigen und Übers-Wasser-Rollen (£ 5).

Yellowave Beach Sports, 299 Madeira Drive, Brighton BN2 1EN, Tel. +44 (0)1273-67 22 22, www.yellowave. co.uk. Mai-Sep Mo-Fr 10-22, Sa/So 10-20 Uhr, Okt-April verkürzte Zeiten. Beachvolleyball £ 20/Stunde inkl. Ball, Kindervolleyball £ 2-3,50/Stunde, Boulderwand (ab 6 J.) £ 2,50, Sportkurse für Kinder £ 25-30/Woche. **Anfahrt:** *Auto: M 23 von London oder M 27 aus dem Südwesten, Parkplätze am Madeira Drive oder in The Lanes Carpark. Zug: ab London Victoria oder London Bridge, vom Bahnhof Brighton noch etwa 1,4 km Fußweg zum Pier. Den gesamten Strand entlang fährt die Volk's Electric Railway (siehe S. 77).*

Auch in England ist Minigolf bei Groß und Klein beliebt und weit verbreitet

Tour 1: London klassisch – das Wichtigste an einem Tag

Madame Tussauds • Big Ben • London Eye • Themse •
Jubilee Gardens • Tate Modern • Tower Bridge • Tower of London

Wo: London (Marylebone, West-minster, City) – Wie: zu Fuß, mit der U-Bahn, dem Bus und dem Schiff – Dauer: Tagesausflug, könnte auf mehrere Tage aufgeteilt werden – Nicht vergessen: Onlinetickets für Madame Tussauds und London Eye, Stadtplan, Fotoapparat

Wer nur einen Tag Zeit hat, um London zu erkunden, möchte natürlich die wichtigsten Sehenswürdigkeiten der Weltstadt sehen. Dazu gehören Madame Tussauds, das Riesenrad London Eye und der Tower. Auch Big Ben und die Parlamentsgebäude bekommen Sie zu Gesicht. Bei einer Fahrt auf der Themse

lassen sich die berühmte Tower Bridge, St. Paul's Cathedral und viele andere Gebäude in Augenschein nehmen.

Den großen Stars ganz nah

Erstes Ziel des Tages ist das Wachsfigurenkabinett von **Madame Tussauds** [Marylebone Road, London NW1 5LR, Tel. +44 (0)871-894 30 00, www.madametussauds.com. Kernzeit 9.30-19, Sa/So 9-19.30, Mitte Juli/Aug 9-20.30 Uhr, Einlass bis 90 Min. vor Schließung. Erw. £ 30, Kinder (4-15 J.) £ 25,80, Familien £ 108, Online-Ermäßigung. U Baker Street]. Es ist zu empfehlen, vorab Onlinetickets auf der Internetseite zu erwerben. Diese sind nicht nur günstiger und als Kombikarte mit dem London Eye zu kaufen, sondern verkürzen auch die Wartezeit am Eingang. Wer dann schon pünktlich zur Öffnung oder sogar früher da ist, hat gute Chancen, zügig ins Gebäude zu kommen.

Madame Tussauds ist eine der beliebtesten Attraktionen in London. Wichtiges Utensil ist natürlich der Fotoapparat, denn wer möchte sich nicht mal neben Hollywoodgrößen, Präsidenten oder Weltklassesportlern ablichten lassen? Anfassen ist übrigens durchaus erlaubt! Der Eingang ist eine Party mit illustren Gästen wie George Clooney, Kylie Minogue und vielen anderen Stars aus Film und Musik. Jüngere Besucher zieht es womöglich mehr zu Harry-Potter-Dar-

Posieren mit den Stars wie die Stars: Bei Madame Tussauds ist es möglich

steller Daniel Radcliffe oder zu Robert Pattinson aus der „Twilight"-Saga. Auf dem weiteren Weg warten die königliche Familie und viele andere Prominente. Doch nicht nur Wachsfiguren gehören zu den Anziehungspunkten bei Madame Tussauds. Schaurige Berühmtheit strahlt die Chamber of Horrors aus, wo in gruseliger Atmosphäre zum Tode Verurteilte in ihren Zellen warten. Der Zugang ist nur für über 12-Jährige gestattet. Das gilt auch für Scream, wo lebende Schauspieler die Zuschauer in Angst und Schrecken versetzen. Mit jüngeren Kindern lassen sich diese Bereiche einfach umgehen und Sie kommen direkt zum Spirit of London. Bei einer gemütlichen

Italienischer Lunch

Nach so vielen Eindrücken wird es Zeit für den Lunch. Nur wenige Meter entfernt von Madame Tussauds gibt es an der berühmten Baker Street das italienische **Restaurant ASK**. Kinder erhalten für £ 5,95 das Minimenü mit Vor- und Hauptspeise, Salat, Nachtisch und einem Activity Pack. 197 Baker Street, London NW1 6UY, Tel. +44 (0)20-74 86 60 27, www.askrestaurants.com. Mo-Do 12-23, Fr/Sa 12-23.30, So 12-22 Uhr.

Wer war Madame Tussaud?

Marie Tussaud wurde 1761 in Straßburg geboren. Ihre Mutter war Hausmädchen bei dem Arzt Dr. Curtius, der Wachsfiguren formte und dies der jungen Marie beibrachte. Der Doktor nahm Marie und ihre Mutter mit nach Paris. Während der Französischen Revolution formte sie dort Abgüsse von den Köpfen der Hingerichteten, so auch von Louis XVI. und Robespierre. 1802 wanderte sie nach England aus und tourte mit ihrer Sammlung von Wachsfiguren durch das Land, bis 1835 eine erste feste Ausstellung an der Baker Street eröffnet wurde. 1884 zog man um an den jetzigen Standort in der Marylebone Road.

Taxifahrt reisen Sie dabei durch die Geschichte Londons. Die Informationen vom Tonband sind auch auf Deutsch abrufbar. Auf dem Weg durch Marvel Superheroes können Sie sich von der Decke hängend mit Spiderman fotografieren lassen … Im Kino wird dann ein neunminütiger 4D-Film mit ganz besonderen Effekten gezeigt – lassen Sie sich einfach überraschen! Insgesamt sollten Sie etwa zwei Stunden für die Besichtigung einplanen.

Glockenschlag

Nächste Station ist Westminster. Mit der Circle Line fahren Sie von der Baker Street zur U-Bahn-Station Westminster. Über Whitehall und Bridge Street gehen Sie direkt auf den **Big Ben** zu. Eigentlich heißt nur die größte Glocke in dem Turm am Westminster-Palast Big Ben, doch der Volksmund bezeichnet schon lange auch die Uhr sowie den

Eine Runde mit dem London Eye dauert etwa 30 Minuten

London Eye ist mit einer Höhe von 135 Metern das größte Riesenrad Europas. Es wurde 2000 eröffnet. Jede der 32 Glasgondeln fasst 25 Personen. Für eine ganze Umdrehung benötigt das Rad eine halbe Stunde [Riverside Building, County Hall, Westminster Bridge Road, London SE1 7PB, www.londoneye.com. Tägl. Okt-März (Jan geschl.) 10-20.30, April-Sep 10-21, Juli/Aug bis 21.30 Uhr. Erw. £ 18,90, Kinder (4-15 J.) £ 9,90, Familien (2 Erw. + 2 Kinder) £ 57,60. Online-Ermäßigung, auch Tickets mit schnellerem Zugang (Fast Track) und Kombitickets, z. B. mit Themse-Fahrt. Sie müssen Ihren „Flug" innerhalb einer halben Stunde antreten]. Dabei bieten sich fantastische Aussichten auf London, bei guter Sicht sogar bis zu 40 Kilometer weit, etwa bis Windsor Castle. Ein 360-Grad-Guide zu sichtbaren Gebäuden ist an der Kasse erhältlich.

Turm mit dem Namen. Seit 1859 schlägt die Glocke zur vollen Stunde ihren tiefen Ton an. Außerdem ertönt zu jeder Viertelstunde ein Glockenspiel. Der Turm wurde im neugotischen Stil erbaut. Lassen Sie Ihre Kinder doch mal schätzen! Wie hoch mag der Turm sein? – 96,3 m. Wie groß ist der Durchmesser des Ziffernblatts? – 7 m. Wie lang sind die Zeiger? – Minutenzeiger 4,30 m, Stundenzeiger 2,74 m. Wie schwer ist die Glocke? – 14 Tonnen! Und was ist in dem Turm? – Ein Gefängnis. Allerdings wird es seit 1880 nicht mehr benutzt.

Das Auge von London
Nun geht es über die Westminster Bridge auf die andere Seite der Themse zum emporragenden **London Eye**. Das

Die berühmte Abtei
Sie haben noch Zeit? Dann können Sie einen Abstecher zur **Westminster Abbey** *machen. In der berühmten Kirche werden die britischen Monarchen traditionell gekrönt und beigesetzt. 20 Dean's Yard, London SW1P 3PA, Tel. +44 (0)20-72 22 51 52, info@ westminster-abbey.org, www. westminster-abbey.org. Mo/Di/ Do/Fr 9.30-16.30, Mi 9.30-19, Sa 9.30-14.30 Uhr, Einlass bis 1 Std. vor Schließung. Erw. £ 16, Kinder (11-18 J.) £ 6, (unter 11 J.) frei, Familien ab £ 32.*

Zu Haien und Quallen

*Sie wollen gar nicht mit dem Riesenrad fahren? Dann genießen Sie den Anblick einfach von unten und gehen ins **Sea Life Aquarium**. Es befindet sich ebenfalls an der Ostseite der Themse in der County Hall. Zu sehen sind Haie, Wasserschildkröten, Seepferdchen, Rochen, Quallen und viele andere Wasserbewohner. Besonders beeindruckend sind der Ozeantunnel und der Shark Walk, wo Haie unter Ihren Füßen schwimmen. Am Eingang erfahren Sie die Fütterungszeiten. County Hall, Westminster Bridge Road, London SE1 7PB, www.visitsealife.com. Mo-Do 10-18, Fr-So 10-19 Uhr. Erw. £ 19,80, Kinder (3-15 J.) £ 14,40, Familien (2 Erw. + 2 Kinder) £ 68,40. Online-Ermäßigung, Kombitickets mit Madame Tussauds und London Eye im Internet erhältlich.*

Entdeckungen zu Wasser

Eine Schifffstour mögen alle Kinder gern und so soll es nun auf die Themse gehen. Wenn Sie noch eine Besichtigung der Tower Bridge oder des Tower of London (siehe S. 37) planen, nehmen Sie einen **Thames Clipper**. Vom London Eye Pier geht es mit dem Katamaran direkt zum Tower Millennium Pier [Thames Clippers, Tel. +44 (0)20-70 01 22 22, web@thamesclippers.com, www.thamesclippers.com. Einf. Ticket Erw. £ 6,

Kinder (5-15 J.) £ 3. Oyster Cards sind einsetzbar (siehe S. 111)].

Wer es langsamer angehen möchte, kann vom London Eye Pier eine 40-minütige Schiffspartie mit den **London Eye River Cruises** unternehmen [Adresse wie London Eye, S. 34. Abfahrt tägl. stdl. Nov-März (Jan geschl.) 11.45-16.45, April-Okt 10.45-18.45, Juli-Sep auch 16.15 Uhr. Einzelfahrt Erw. £ 12,50, Kinder (4-15 J.) £ 6,50, Familien £ 38]. Der Audiokommentar ist per Kopfhörer auch auf Deutsch zu hören. Zunächst geht es an den **Houses of Parliament** vorbei, wo das britische Parlament tagt. Es besteht aus dem House of Commons und dem House of Lords. Das Gebäude wurde nach einem großen Brand 1834 neu erbaut. Der bekannteste Turm ist der Uhrenturm mit Big Ben (siehe S. 33f), der größte jedoch ist der Victoria Tower an der Südwestecke mit einer Höhe von 98,4 Metern. Er wurde nach Königin Victoria I. benannt.

Hinter den Houses of Parliament dreht das Schiff um und fährt bis zur Tower Bridge und dem Tower of London. Dabei passiert es unter anderem die Millennium Bridge, die Galerie Tate

Die „weiße Festung" (S. 37) hat eine erlebnisreiche Vergangenheit

Die Klappbrücke öffnet sich etwa 900 Mal im Jahr: Vielleicht sind Sie dabei?

Kunstgalerie mit Aussicht

Wer von hier zu Fuß zur Tower Bridge wandert, hat etwa 3,5 Kilometer vor sich. Dafür ist dieser Weg am Ufer der Themse entlang aber auch wunderschön. Auf halber Strecke können Sie in der Galerie **Tate Modern** pausieren und dort mit wunderbarem Blick auf die Millennium Bridge speisen [Bankside, London SE1 9TG, Tel. +44 (0)20-78 87 88 88, www.tate.org.uk. So-Do 10-17.30, Fr/Sa 10-21.30 Uhr. Eintritt frei]. Kinder bis 12 Jahre erhalten zum Lunch eines Erwachsenen (11.30-15 Uhr) ein kostenloses Menü. Dinner gibt es nur freitags und samstags ab 18 Uhr. Das Café 2 im zweiten Stock wurde schon für seine Familienfreundlichkeit ausgezeichnet. Als Alternative bieten sich ein paar Meter weiter Fish & Chips im Anchor Pub an (siehe Kasten unten). Wer den Fußweg scheut, kann auch den Bus nehmen. An der Haltestelle D

Modern (siehe rechts), Shakespeare's Globe Theatre (siehe Kasten S. 58) oder den Nachbau der „Golden Hinde" (siehe Kasten S. 120), mit der Francis Drake um die Welt segelte. Sie sehen auch das mit seiner Fertigstellung zu den Olympischen Spielen 2012 mit 310 Metern höchste Gebäude der EU: The Shard. „Shard" bedeutet Scherbe und wie eine riesige Scherbe sieht der Bau aus. Kurz vor der Tower Bridge ankert die **HMS Belfast**, ein Museumsschiff, das besichtigt werden kann. Die Tower Bridge wurde 1894 eingeweiht. Wann die Brücke aufklappt, können Sie vorab unter www.towerbridge.co.uk nachlesen. Benannt ist die Brücke nach dem nahen Tower of London. Die meist nur Tower genannte mittelalterliche Festung beherbergt die Kronjuwelen. Das Schiff kehrt von hier an seinen Ausgangspunkt zurück.
Mit jüngeren Kindern können Sie den Tag hier ausklingen lassen. In den **Jubilee Gardens** neben dem London Eye tummeln sich im Sommer zahlreiche Kleinkünstler in fantasievollen Kostümen. Auch ein Spielplatz ist dort.

Nationalgericht

*Fish & Chips gehören zu einem England-Aufenthalt unbedingt dazu. Das Traditionsgericht mundet im **Anchor Pub** besonders gut. Sie können im Restaurant essen oder die Portionen mitnehmen. Erhältlich sind auch Sandwiches, Jacket Potatoes (Ofenkartoffeln), Burger und Steaks. Das Gebäude stammt von 1615. The Anchor Bankside, 34 Park Street, London SE1 9EF, Tel. +44 (0)20-74 07 15 77. Tägl. 11-23, So ab 12 Uhr.*

der Waterloo Station nehmen Sie die Linie 168 Richtung Dunton Road oder 172 Richtung Brockley Rise. Sie steigen aus an Bricklayer's Arms und laufen ca. einen Kilometer bis zur Tower Bridge. Wer mit dem Katamaran gekommen ist, hat Zeit für eine Besichtigung. Besuchen Sie die Brücke mit der Tower-Bridge-Ausstellung oder aber den Tower selbst.

Über der Themse

Die **Tower Bridge** ist wohl eine der berühmtesten Brücken der Welt. Sie wurde 1894 für den Verkehr geöffnet. In der Tower Bridge wird eine Ausstellung mit interaktiven Exponaten für Kinder gezeigt. Wunderschön ist natürlich auch der Blick aus luftiger Höhe über die Themse und die Stadt. Auf der Internetseite können Sie schon vorab ein Entdeckerpaket (Guy Fox Explorer Kit) herunterladen, allerdings bisher nur auf Englisch [Tower Bridge Exhibition, Tower Bridge, Tower Bridge Road (Zugang am Nordwestturm), London SE1 2UP, Tel. +44 (0)20-74 03 37 61, enquiries@towerbridge.org.uk, www.towerbridge.org.uk. Tägl. April-Sep 10-18.30, Okt-März 9.30-18 Uhr, Einlass bis 1 Std. vor Schließung. Erw. £ 8, Kinder (5-15 J.) £ 3,40, Familien ab £ 12,50].

Gefängnis und Schatzkammer

Sie haben sich für den **Tower of London** entschieden? Die mittelalterliche Burg bietet auch Kindern viel Spannendes. Hier lebten einst die britischen Könige, dann diente der Ort als Gefängnis und Hinrichtungsstätte. Nicht verpassen sollten Sie natürlich die Kronjuwelen. Im White Tower werden nicht nur tolle Rüstungen und Waffen gezeigt, es gibt

Kröte im Loch?

Zum Abschluss des Tages ein schönes Essen mit Blick auf die Tower Bridge? British Food erhalten Sie im **Butlers Wharf Chop House** *auf der Südseite der Themse. Hauptgerichte für Kinder gibt es für £ 8, zum Beispiel Fish & Chips oder „Toad in the Hole" (Würstchen im Schlafrock). 36e Shad Thames, London SE1 2YE, Tel. +44 (0)20-74 03 34 03, bwchophouse@danddlondon.com, www.chophouse.co.uk. Mo-Sa 12-15/18-23, So 18-22 Uhr.*

zahlreiche Stationen zum Mitmachen. Hier dürfen Ihre Kinder – und Sie natürlich auch – einen Ritterhelm aufsetzen oder die Armkraft beim Bogenschießen testen. Schön ist auch ein Rundgang auf dem East Wall. Haben Sie die Raben entdeckt? Mindestens sechs der schwarzen Vögel werden im Tower gehalten. Es heißt, die Monarchie ginge zugrunde, wenn es keine Raben mehr im Tower gäbe. Schließen Sie sich doch einer Führung durch einen der Yeomen Warders an –das sind ehemalige Soldaten der britischen Armee und die Wächter im Tower [Tower of London, London EC3N 4AB, Tel. +44 (0)844-482 77 77, www.hrp.org.uk. März-Okt Di-Sa 9-17.30, So/Mo 10-17.30, Nov-Feb je bis 16.30 Uhr, Einlass bis 30 Min. vor Schließung. Erw. £ 20,90, Kinder (5-15 J.) £ 10,45, Familien (2 Erw. + 6 Kinder) £ 55, alle Preise inkl. Führung, halbstdl. bis 15.30, im Winter bis 14.30 Uhr].

Tour 2: Sehenswertes für Tag zwei in London

Science Museum oder Natural History Museum • Harrods • Sightseeing im offenen Doppeldecker: Trafalgar Square/St. Paul's Cathedral/ Buckingham Palace

Wo: London (Kensington, Westminster, City) – Wie: mit Bus und U-Bahn – Dauer: Tagesausflug – Nicht vergessen: Fotoapparat

Auf dieser Tour bekommen Sie viel von London zu sehen und können selbst entscheiden, was Sie sich näher anschauen wollen. Die geführten Touren im Doppeldeckerbus sind dafür ideal. Vorher steht aber noch ein Museum auf dem Plan, außerdem gehört ein Besuch im

Im Science Museum werden Kinder zum Mitmachen und -denken angeregt

berühmten Kaufhaus Harrods unbedingt dazu. Das Toy Kingdom wird nicht nur Ihre Kinder faszinieren!

South Kensington

London besitzt eine Vielzahl von wunderschönen Museen. Überall ist man um die jungen Besucher besonders bemüht. So gibt es für Kinder Entdeckerpacks, interaktive Stationen und Hands-on-Galleries, wo originale Objekte berührt und hautnah erfahren werden dürfen. Das gilt auch für die beiden Museen in South Kensington, die bei dieser Tour zur Auswahl stehen. Beide befinden sich in unmittelbarer Nachbarschaft, daher ist die Anfahrt gleich: Nehmen Sie die U-Bahn bis South Kensington, entweder die Circle, die District oder die Piccadilly Line (Tickets siehe S. 111).

Wissenschaft zum Anfassen

Das **Science Museum** ist so groß, dass Sie sich bestimmte Bereiche aussuchen sollten, die Sie und Ihre Kinder besonders interessieren. Neben Themen wie Weltall, Medizin oder Schiffe sind es vor allem die Mitmachbereiche, welche (nicht nur) Kinder toll finden. Im „Garten" dürfen die 3- bis 6-Jährigen nach Herzenslust erste Erfahrungen mit Licht und Tönen machen. In „The Secret Life of the Home" muss eine Diebstahlsicherung ausgetrickst werden. 5- bis

Speisen bei der Giraffe

*Für Familienfreundlichkeit bekannt sind die **Giraffe-Restaurants**. Im Kids-Menü stehen mehrere Hauptgerichte zur Auswahl. Erwachsenen sei der Lunch Time Deal (£ 6,95, Mo-Fr 12-17 Uhr) oder das Feel Good Dinner Menu (£ 9,95, tägl. ab 17 Uhr) empfohlen. Lecker: Hummus mit warmem Naan-Brot! Ein Giraffe-Restaurant befindet sich nah beim Natural History Museum (siehe rechts): 7 Kensington High Street, London W8 5NP, Tel. +44 (0)20-79 38 12 21, www.giraffe.net. Tägl. 8-23, Sa/So ab 9 Uhr.*

8-Jährige können am „Pattern Pod" Fußspuren folgen, Kaleidoskope erstellen oder Muster legen. „Launchpad" (Startrampe) ist für alle ab acht Jahren das richtige Experimentierfeld. 50 interaktive Stationen sowie Shows sorgen hier für nicht endenden Forscherspaß. In der neuen Klima-Abteilung dürfen Sie interaktiv in die Atmosphäre eintauchen. Zum Museum gehört auch ein Kino, in dem Sie einen 3D-Flug unternehmen können. Oder Sie starten eine virtuelle Reise in dem Flugsimulator „Fly 360°" für zwei Personen bzw. „Fly Kids" für Kinder. Sowohl 3D-Flug als auch Flugsimulatoren sind kostenpflichtig. Ganze Filme in 3D zeigt das IMAX-Kino im Haus. Zur Stärkung zwischendurch bieten sich das Deep Blue und das Revolution Café an [Science Museum,

Exhibition Road, South Kensington, London SW7 2DD, Tel. +44 (0)20-79 42 40 00, www.sciencemuseum.org.uk. Tägl. 10-18 Uhr. Eintritt frei. IMAX-3D-Kino Erw. £ 10, Kinder £ 8, Familien (2 Erw. + 2 Kinder) £ 27, 3D-Flug Erw. £ 6, Kinder £ 5, Familien £ 18, Fly Kids £ 2, Fly 360° £ 12 (2 Pers.), es sind verschiedene Kombitickets erhältlich].

Dinosaurier in London

Ebenso groß und interessant wie das Science Museum ist das **Natural History Museum** nebenan [Cromwell Road, South Kensington, London SW7 5BD, Tel. +44 (0)20-79 42 50 00, www.nhm.ac.uk. Mo-So 10-17.50 Uhr. Eintritt frei]. Wer sich für Tiere und Pflanzen interessiert, ist hier goldrichtig. Doch auch die Themen Weltall und Erde kommen nicht zu kurz. Auch hier sollten Sie vorab Räume aussuchen, die Sie interessieren. An der Infotheke können Sie

In der Halle des Natural History Museum ist auch Platz für Dinosaurier

ein kostenloses Explorer Backpack für Kinder bis sieben Jahre ausleihen. Mit Safarihut, Fernglas und Lupe wird dann ein Museumsbereich entdeckt, z. B. die Dinosaurier. Für Kinder bis fünf Jahre ist auch das Bookasaurus geeignet, ein Spiel- und Entdeckungsset.

Die Dinosaurierabteilung in der Blauen Zone, wo neben zum Teil beweglichen Modellen ein lebensechter Tyrannosaurus rex wartet, erfreut sich großer Beliebtheit. Ebenfalls in der Blauen Zone lassen sich große Säugetiere (mammals) rund um ein beeindruckendes Blauwal-Skelett erleben. In der Orangefarbenen Zone kommen Sie zu dem Darwin-Zentrum mit dem „Cocoon". Wie ein riesiger Kokon erstreckt sich dieses Bauwerk über mehrere Stockwerke. Hier befinden sich nicht nur unzählige Präpa-

Köstlichkeiten wie Morelli's Eis erwarten Sie in Harrods' „Food Hall"

rate aus Flora und Fauna, sondern Wissenschaftler lassen sich direkt bei der Arbeit beobachten und befragen. Wer eine Pause benötigt, kehrt ins Central Hall Café oder Restaurant des Museums ein. Der Wildlife Garden ist auch ein sehr schöner Picknickplatz. Kinder, die kleine Krabbler nicht scheuen, können in der Grünen Zone bei den „Creepy Crawlies" spannende Entdeckungen machen. Es folgt die Rote Zone mit den Ausstellungen zur Erde. Von der Earth Hall geht es auf einer unendlich scheinenden Rolltreppe durch die Erde nach oben! Dort erwarten Sie u. a. ein Erdbebensimulator und ein Richterskalatisch.

Erlebniseinkauf

Etwa 800 Meter von den Museen entfernt steht eines der bekanntesten und größten Kaufhäuser der Welt: **Harrods** [87-135 Brompton Road, London SW1X 7XL, Tel. +44 (0)20-77 30 12 34, www.harrods.com. Mo-Sa 10-20, So 11.30-18 Uhr]. In den Lebensmittelabteilungen im Erdgeschoss begeistert nicht nur die schöne Jugendstilarchitektur, sondern auch die Fülle an leckeren Köstlichkeiten. Vielleicht probieren Sie einmal Morelli's Eis? Zum Staunen ist auf jeden Fall das Toy Kingdom auf Level 4, ein Königreich für Spielsachen. Es finden an vielen Stellen Vorführungen statt, die auch Eltern Vergnügen bereiten. Insgesamt besitzt Harrods 320 Abteilungen.

Londons Doppeldecker

Direkt vor Harrods befindet sich an der Brompton Road eine Haltestelle der **Big Bus Tours** [Information Centre: 48 Buckingham Palace Road, London SW1W 0RN, Tel. +44 (0)20-72 33 95

Rauf aufs Piratenschiff

*Einer der schönsten Spielplätze Londons befindet sich am Nordrand der Kensington Gardens: der **Diana Memorial Playground**. Es gibt ein großes Piratenschiff, Tipis, einen Sinnespfad, einen Spieltunnel und vieles mehr. Der Spielplatz ist beaufsichtigt und kostenfrei. Broad Walk, Kensington Gardens, London W2 2UH, Tel. +44 (0)20-72 98 21 41, www. royalparks.org.uk. Tägl. ab 10, Mai-Aug bis 19.45 Uhr, in den übrigen Monaten kürzer.*

wechseln, auf der Sie mit Livekommentaren unterhalten werden.

Ähnlich arbeitet die **Original London Sightseeing** Tour, die sogar auf drei Routen durch die Stadt fährt. Im Besucherzentrum am Trafalgar Square [17-19 Cockspur Street, Trafalgar Square, London SW1Y 5BL. Tel. +44 (0)20-88 77 21 20 (Mo-Fr), Tel. +44 (0)20-73 89 50 40 (Sa/So), www.theoriginaltour.com. Tägl. 8.30-16.30 Uhr. Erw. £ 26, Kinder (5-15 J.) £ 13, Familien (2 Erw. + 3 Kinder) £ 91] erhalten Kinder ein Activity Pack mit Quizbuch und Stempelpass. Die blaue Route hält auch vor Harrods. Mit Kindern bis zwölf Jahre lohnt ein Stopp an Haltestelle 70, denn dort befindet sich der Diana, Princess of Wales, Memorial Playground (siehe Kasten).

33, www.bigbustours.com. Tägl. 8.30-16.30 Uhr. Erw. £ 29, Kinder (5-15 J.) £ 12, Familien (2 Erw. + 2 Kinder) £ 70]. Die Doppeldecker dieses Unternehmens fahren auf zwei Routen durch London und sind oben offen. Bei Regen fahren geschlossene Busse. Das Ticket gilt 24 Stunden (im Winter bis 48 Stunden) und Sie können jederzeit aus- und wieder einsteigen (hop on, hop off). So entscheiden Sie selbst, welche Sehenswürdigkeiten Sie und Ihre Kinder besonders interessieren. Tickets können im Bus gekauft werden, sind aber auch online oder im Information Centre erhältlich. Im Preis enthalten sind außerdem Fahrten auf der Themse mit City Cruises sowie geführte Spaziergänge ab Trafalgar Square (Changing of the Guards, Harry-Potter-Drehorte, Geistertour). Vor Harrods verläuft die blaue Route mit Kommentaren vom Band, auch auf Deutsch. Sie können jederzeit auf die rote Route

„Hop on, hop off" mit Londons typischen Doppeldeckerbussen

Trafalgar Square

Der Bus bringt Sie über Piccadilly Circus zum **Trafalgar Square**, einem der bekanntesten Plätze Londons. Markant ragt in der Mitte Nelson's Column 51 Meter empor. Unter Admiral Nelson besiegten die Engländer in der Schlacht von Trafalgar 1805 die Franzosen. Für ein Erinnerungsfoto auf einem der vier Löwenstandbilder müssen Sie vielleicht sogar kurz Schlange stehen. Die einst berühmten Unmengen von Tauben wurden übrigens durch den Einsatz von Falken vertrieben. Wollen Sie hier eine Pause einlegen, können Sie ins Café der **National Gallery** gehen, deren Gebäude die Nordseite des Platzes bestimmt (tägl. 10-18 Uhr). Gut und günstig essen Sie auch im Café der Kirche St. Martin in the Fields an der Nordostecke.

Die Kuppel der St. Paul's Cathedral ist ein beliebtes Fotomotiv

Pssst ... hörst du mich?

Nun fährt der Bus weiter bis zur **St. Paul's Cathedral** [St. Paul's Churchyard, London EC4M 8AD, Tel. +44 (0)20-72 36 41 28, www.stpauls.co.uk. Mo-Sa 8.30-16 Uhr. Erw. £ 15, Kinder (6-18 J.) £ 6, Familien (2 Erw. + 2 Kinder) £ 36]. Auch wenn moderne Hochhäuser heute das Stadtbild Londons bestimmen, überragt die Kuppel dieser Kirche noch immer viele Gebäude und ist ein markanter Orientierungspunkt. Im Eintritt enthalten ist ein Multimediaguide auf Deutsch. Kinder finden es jedoch meist spannender, direkt den Weg nach oben zu nehmen. Über 257 Stufen gelangen Sie in die Flüstergalerie: Worte, die Sie auf der einen Seite an die Wand flüstern, sind auf der anderen Seite zu hören. Probieren Sie es aus! Weiter hinauf geht es zur Laterne mit der Goldenen Galerie in 85 Metern Höhe. Hier erwarten Sie tolle Aussichten.

So wohnt die Queen

Nicht verpassen sollten Sie die Fahrt über die Tower Bridge. Steigen Sie also wieder ein und genießen Sie die Tour! Die bringt Sie schließlich auch zum **Buckingham Palace** [The Official Residences of The Queen, London SW1A 1AA, Tel. +44 (0)20-77 66 73 00, www.royalcollection.org.uk. Aug/Sep 9.45-18.30 Uhr, Einlass bis 16.15 Uhr. Tickets werden für bestimmte Zeitpunkte ausgegeben, vor Ort nach Verfügbarkeit, Vorabbuchung empfehlenswert, Erw. £ 18, Kinder (5-16 J.) £ 10,25, Familien (2 Erw. + 3 Kinder) £ 47]. Wer noch fit ist, steigt aus und schaut sich das Wohnhaus der Queen genauer an. Ist die Monarchin zu Hause, weht die Fahne. Eine Besichtigung der Staatsräume ist nur im August und September möglich, wenn sich die Queen im Sommerurlaub befindet. Audioguides führen dann durch die 19 Räume, auch auf Deutsch. Ein Audioguide speziell für Familien ist erhältlich, jedoch nur auf Englisch.

Busfahren wie damals

Falls Sie auf eine geführte Stadtbesichtigung im Bus verzichten wollen, fahren Sie günstiger in einem der öffentlichen Busse. Hier sind besonders die Nostalgielinien 9 und 15 zu empfehlen. Als **Heritage Buses** werden auf deren Strecken die alten Routemaster eingesetzt: hinten offene Doppeldecker, in denen Schaffner mitfahren, Tickets verkaufen und kontrollieren. Sie wurden zwischen

Im Sommer können Touristen live der Wachablösung beiwohnen

Wachablösung

*Im Sommer täglich um 11.30 Uhr, sofern das Wetter mitspielt, im Winter meist an jedem zweiten Tag, wird vor dem Buckingham Palace eine berühmte Zeremonie begangen: die Wachablösung, **Changing of the Guards**. Viele Menschen drängeln sich vor den Toren, sodass meist nicht allzu viel zu sehen ist. Falls Sie das Ereignis trotzdem nicht verpassen wollen, sollten Sie rechtzeitig vor Ort sein. Informationen erhalten Sie unter www.changing-the-guard.com.*

1954 und 1968 gebaut. Aus dem regulären Busverkehr wurden sie 2005 aus Sicherheitsgründen ausgeschlossen – aber auch weil die neueren Busse mit nur einem Arbeitsplatz pro Gefährt günstiger fahren. Steigen Sie zum Beispiel an der Knightsbridge Station (Nähe Harrods) in die Linie 9 ein und fahren Sie bis zum Trafalgar Square. Dort können Sie in die 15 umsteigen (Haltestelle T) und an St. Paul's Cathedral vorbei bis zum Tower fahren. Wer von St. Paul's zum Ausgangspunkt zurückkehren möchte, nimmt die U-Bahn. Die Central Line fährt bis Holborn, von dort haben Sie Anschluss nach South Kensington mit der Piccadilly Line.

Tour 3: Von London nach Greenwich – maritimes Flair

Cutty Sark • Visitor Centre und Ausstellung Discover Greenwich •
National Maritime Museum • Observatorium mit Nullmeridian

Wo: London und Greenwich – Wie: mit dem Schiff und der Docklands Light Railway – Dauer: Halbtagestour – Nicht vergessen: Sonnenhut, Regenschirm und Fernglas

Ein kleiner Ort südöstlich von London bestimmt die Zeit: Durch Greenwich – „Grennitsch" ausgesprochen – verläuft nämlich der Nullmeridian, also der nullte Längengrad. Er gibt die Greenwich Mean Time vor. Doch der Ort, der heute als Stadtteil zu London gehört und zum

UNESCO-Weltkulturerbe ernannt wurde, hat noch mehr zu bieten. So besichtigen Sie bei dieser Tour den restaurierten Klipper „Cutty Sark" und das National Maritime Museum. Sie stehen nicht nur auf dem Nullmeridian, sondern genießen vom Observatorium im Greenwich Park auch wunderbare Ausblicke auf die Docklands und London.

Spannende Reise

Schon An- und Abreise sind hitverdächtig. Hin geht es per Boot, zurück mit der fahrerlosen Docklands Light Railway. Die Katamarane der Thames Clippers (siehe S. 35) legen vom London Eye Pier, vom

Die weiten Flächen des Greenwich Park dienten früher als Jagdrevier

London Bridge Pier oder vom Tower Millennium Pier ab. So kommen Sie zwar schnell und günstig nach Greenwich, aber auch ohne Sightseeing.

Vom London Eye, dem gegenüberliegenden Westminster Pier sowie vom Tower fahren die **City Cruises** ab [Cherry Garden Pier, Cherry Garden Street, London SE16 4TU, Tel. +44 (0)20-77 40 04 00, www.citycruises.com. Tägl. 9.45-17.56 Uhr halbstdl. Abfahrten. Einf. Ticket ab Westminster £ 10,50, ab Tower £ 8,40, Kinder (5-16 J.) die Hälfte, erhältlich ist auch ein „Hop on, hop off"-Ticket namens Red River]. Auf ihren roten Booten sind Kommentare zu den Sehenswürdigkeiten auf Deutsch inklusive. Preislich ähnlich liegen die **Thames River Services** [Tel. +44 (0)20-79 30 40 97, www.thamesriverservices.co.uk. Ab 10 Uhr halbstdl., im Winter alle 40 Min. Ab Westminster Pier Erw. £ 10, Kinder (5-15 J.) £ 5]. Sie fahren zusätzlich durch das Thames Barrier, das zweitgrößte bewegliche Sturmflutwehr weltweit, das östlich von Greenwich liegt.

Vom Teetransporter zum Museumsschiff

Am Greenwich Pier angekommen, sehen Sie schon die **Cutty Sark** [King William Walk, Greenwich Pier, London SE10 9HT, Tel. +44 (0)20-88 58 26 98, www.cuttysark.org.uk. Di-So 10-17 Uhr. Erw. £ 12, Kinder (5-15 J.) £ 6,50, Familien (4 Pers.) £ 29]. Dieses große Segelschiff transportierte ab 1869 vor allem Tee von China nach England. Die „Cutty Sark" ist ein Klipper, ein besonders schnelles Frachtschiff mit schnittigem Rumpf. Der Bau des Suezkanals und das Aufkommen der Dampfschifffahrt bedeuteten

> ## Themsefisch
>
> *In der **Trafalgar Tavern** können Sie einmal „whitebait" probieren. Die jungen Heringe wurden früher in der Themse gefangen. Die Zeiten sind vorbei, aber die frittierten Fischlein schmecken noch immer köstlich. Günstiger als im Restaurant speisen Sie in der Bar. Vor dem Gebäude steht ein bronzener Nelson und schaut auf die Themse. Park Row, Greenwich, London SE10 9NW, Tel. +44 (0)20-88 58 29 09, www.trafalgartavern.co.uk. Bar tägl. 12-22, Restaurant wie Bar, aber So nur bis 16 Uhr.*

das Ende der Klipper. Seit 1957 dient die „Cutty Sark" als Museumsschiff. Nach einem Brand wurde das Schiff im April 2012 nach jahrelangen Restaurierungsarbeiten wieder eröffnet. Die kleine Kuppel nahe dem Schiff ist übrigens der Eingang zu einem Fußgängertunnel, der unter der Themse hindurch zur Isle of Dogs hinüberführt.

Maritimes Greenwich

Nur ein paar Meter weiter kommen Sie zum **Greenwich Visitor Centre**. Dort befindet sich auch eine spannende Ausstellung unter dem Namen **Discover Greenwich** [Pepys House, King William Walk, London SE10 9LW, Tel. +44 (0)870-608 20 00, www.visitgreenwich. org.uk. Tägl. 10-17 Uhr. Eintritt frei]. Die Geschichte des maritimen Greenwich wird hier lebendig erzählt. Für Kinder gibt es eine Vielzahl an Mit-

Im Greenwich Visitor Centre können Kinder die Stadt selbst gestalten

machangeboten. Sie können sich als Marineveteran mit Dreispitz verkleiden und vieles mehr. Vergessen Sie nicht, einen Stadtplan mitzunehmen, bevor Sie weitergehen.

Königliche Universität

Auf der Rückseite des Gebäudes gelangen Sie auf den Pepys Walk. Vor Ihnen liegt das **Old Royal Naval College**. Es gehört ebenfalls zum Weltkulturerbe „Maritimes Greenwich". Ursprünglich stand an der Stelle ein königlicher Palast, in dem Henry VIII. und seine Töchter, die späteren Königinnen Mary I. und Elizabeth I., geboren wurden. Im 17. Jahrhundert wurde der Palast im Bürgerkrieg zerstört. Das Naval College wurde von Christopher Wren (siehe Kasten S. 61) entworfen und 1703 fertiggestellt. Es diente zunächst als Hospital und Heim für Seeleute und wurde 1872 zur Marineakademie. Inzwischen sind die Universität von Greenwich und das Trinity College of Music eingezogen. Kostenfrei sind die Rokoko-Kapelle (im

Queen Mary Building) und die barock bemalte Painted Hall (im King William Building), doch interessanter für Familien ist zweifellos das National Maritime Museum. Gehen Sie daher auf dem Pepys Walk nach rechts und überqueren Sie die Romney Road.

Seefahrer und Entdecker

Als eines der größten Schifffahrtsmuseen der Welt beherbergt das **National Maritime Museum** unzählige Exponate [Romney Road, Greenwich, London SE10 9NF, Tel. +44 (0)20-83 12 66 08, www.rmg.co.uk. Tägl. 10-17 Uhr. Eintritt frei]. Ein ganz besonderes Stück ist der Mantel von Lord Nelson, den er in der Schlacht von Trafalgar trug – inklusive Einschussloch. Andere Bereiche widmen sich großen Entdeckern wie Francis Drake oder James Cook. Höhepunkte für Kinder sind die „Brücke", auf der sie virtuell ein Schiff steuern dürfen, und die All Hands Gallery. Hier werden Flaggen geschwungen, Schiffe beladen und Morsezeichen gesendet. Achtung: Diese Ausstellungen sind nur dienstags, samstags und sonntags sowie in den Ferien geöffnet. Im Café können Sie eine Pause einlegen.

Greenwich Park

Der Hauptausgang des Maritimen Museums öffnet sich gen Süden zum **Greenwich Park** [Infos und interaktive Karte unter www.royalparks.gov.uk. Tägl. ab 6, im Sommer bis 21.30 Uhr]. In der Nordostecke gibt es einen schönen Spielplatz und einen kleinen See. Dort werden am Wochenende und in den Ferien kleine Tretboote vermietet (30 Min. £ 2). Im Zentrum des Parks befindet sich das

Observatorium, Ihr nächstes Ziel. Folgen Sie einfach dem Weg bergauf. Ehe Sie das Observatorium betreten, sollten Sie noch einen Blick von der **Aussichtsplattform** werfen. Hier steht auch die Statue von General James Wolfe, der Kanada für Großbritannien eroberte. Von hier oben sehen Sie gut die O2-Arena, den ehemaligen Millennium Dome. Sie war bei den Olympischen Spielen 2012 Austragungsort für Gymnastik und Basketball. Die zwölf gelben Türme stehen für die zwölf Monate, der Durchmesser der Kuppel beträgt 365 Meter, ein Meter für jeden Tag des Jahres.

Auf dem Nullmeridian

Zu dem großen Gelände des **Royal Observatory** gehört auch Londons einziges Planetarium. Von Mai bis Anfang September führen zwei Routen zu allen sehenswerten Punkten auf dem Gelände. Sie orientieren sich an den Themen Astronomie und Meridian. Zu den Highlights im Observatorium zählt vor allem der durch einen Messingstreifen gekennzeichnete Nullmeridian. Hier kann man gleichzeitig auf der westlichen und östlichen Erdhälfte stehen. Doch auch die interaktiven Ausstellungen sind sehenswert. Um 13 Uhr versammeln sich die Besucher im Hof, um den roten Zeitball fallen zu sehen. Nach ihm stellten die vorbeifahrenden Schiffe einst ihre Uhren. Mit der Camera obscura lässt sich beobachten, was unten in Greenwich gerade los ist! Der Eingang zu der futuristischen Kuppel des Planetariums liegt im Astronomy Centre. Dort finden Sie eine Ausstellung zu Planeten und

Im National Maritime Museum legen die Kleinen schnell selbst Hand an

der Sonne sowie das Observatory Café [Royal Observatory, Blackheath Avenue, Greenwich, London SE10 8XJ, Tel. +44 (0)20-83 12 66 08, www.rmg.co.uk. Tägl. 10-17 Uhr. Eintritt Flamsteed House und Meridian Erw. £ 7, Kinder (6-15 J.) £ 2, Familien £ 15, Astronomy Centre frei, Planetarium-Show Erw. £ 6,50, Kinder (ab 3 J.) £ 4,50, Familien £ 17,50].

Tea Time

Wenn die Kinderfüße noch laufen können, folgen Sie doch dem Weg am Observatorium vorbei. Schnell kommen Sie zum **Pavilion Tea House**, in dem auch Kaffee und Snacks serviert werden [Greenwich Park, Tel. +44 (0)20-88 58

Pünktlich um 13 Uhr fällt der weithin sichtbare Zeitball

Der nullte Längengrad und die Zeit

Seit 1884 dient der **Nullmeridian** *in Greenwich dazu, die Erdkugel in Längengrade einzuteilen. Er trennt die Erde in eine westliche und eine östliche Hemisphäre. Bis 1972 wurde hier offiziell die Zeit gemessen, die Greenwich Mean Time (GMT). Sie wurde von der Koordinierten Weltzeit UTC abgelöst, doch vor allem in Großbritannien bezieht man sich immer noch gern auf die GMT. Mit ihr war es im 19. Jahrhundert endlich möglich, Zeiten zu koordinieren, z. B. für Zugverbindungen. Vorher besaß jeder Ort seine lokale Zeit. Heute gehört Großbritannien zur Westeuropäischen Zeitzone und hängt Deutschland und der hierzulande geltenden Mitteleuropäischen Zeit immer eine Stunde hinterher, auch im Sommer, denn beide Länder stellen auf Sommerzeit um.*

---

96 95. Tägl. 9-20, im Winter bis 16 Uhr]. In der südöstlichen Parkecke können Sie in **The Wilderness** Rehe beobachten. Für die Rückfahrt gehen Sie ins Zentrum von Greenwich zurück. Die Haltestelle der **Docklands Light Railway** (siehe auch S. 111) befindet sich an der Church Street. Das Besondere an der Bahn ist, dass sie computergesteuert und fahrerlos fährt. Wie von Geisterhand braust sie durch die Docklands und bis zur Haltestelle Bank oder Tower Hill.

Tour 4: Auf den Spuren Harry Potters – ganz ohne Zauberei

Gleis 9¾ (King's Cross) • Winkelgasse (Leadenhall Market) • Gringott's Bank (Australia House) • Reptilienhaus (Zoo)

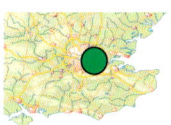

Wo: London (Camden und City) – Wie: mit der U-Bahn und dem Bus – Dauer: Tagesausflug – Nicht vergessen: Zauberstab

Auch nachdem alle sieben Bücher erschienen und alle acht Filme im Kino gezeigt worden sind, erfreut sich Harry Potter nach wie vor großer Beliebtheit. Viele Szenen der Filme wurden in London gedreht und so kann man sich hier auf die Spuren des jungen Zauberers begeben. Die vier Orte der Tour sind alle im ersten Film der Reihe („Harry Potter und der Stein der Weisen") zu sehen.

Gleis 9¾

Start der Zauberreise ist am Gleis 9¾ am **Bahnhof King's Cross**. Hier fährt laut Harry-Potter-Autorin Joanne K. Rowling alljährlich am 1. September um 11 Uhr der Hogwarts-Express ab, um alle Schüler in das Zauberinternat zu bringen. Da zwischen den Gleisen 9 und 10 im echten Bahnhof keine Wand verläuft, wurde die Szene, in der die Weasley-Kinder und Harry durch die Mauer zwischen den Gleisen laufen, zwischen Gleis 4 und 5 gedreht. Ein fiktiver Zugang zu Bahnsteig 9¾ erlaubt es den Fans der Serie trotzdem, ihren Helden nachzueifern. Am Ende von Gleis 8

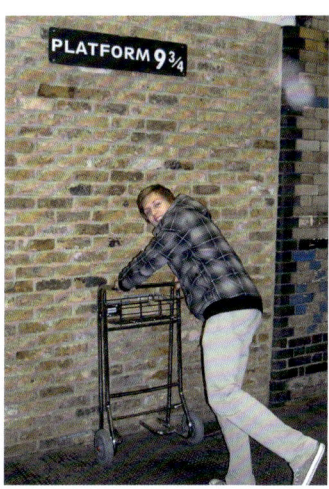

Mit dem Wagen durch die Wand: Zauberei zum Nachmachen

und dem Übergang zum neuen Gleis 0 wurde nämlich ein Gepäckwagen halb in der Mauer versenkt und unter dem entsprechenden Schild nun zum angesagten Fotomotiv.

Sie erreichen King's Cross am einfachsten mit der U-Bahn. Die U-Bahn-Station King's Cross St. Pancras vereint die beiden gleichnamigen oberirdischen Bahnhöfe. Gleich sechs Linien halten hier: die Victoria, Northern, Circle, Metropolitan, Hammersmith & City und Piccadilly Line. Der **Bahnhof St. Pancras**, in dem u. a. die Eurostar-

Züge enden, liegt gleich nebenan. Sein Äußeres mit der neugotischen Fassade und dem Uhrenturm diente im letzten Harry-Potter-Film als Kulisse für die Außendreharbeiten.

Der Bahnhof King's Cross wurde 1852 eröffnet. Das Viertel rundum trägt den gleichen Namen und ist benannt nach einem 18 Meter hohen Denkmal für König George IV., das hier einst stand, aber schon 1845 zerstört wurde. Der Legende nach ist die britannische Königin Boudicca, die 60 n. Chr. einen Aufstand gegen die römischen Besatzer anführte, unter den Gleisen begraben. Heute passieren jedes Jahr mehr als 25 Millionen Fahrgäste den Bahnhof.

Winkelgasse

Von King's Cross nehmen Sie die Northern Line bis zur Station Bank. Von dort gehen Sie die Straße Cornhill hinunter und biegen schließlich rechts in die Gracechurch ein. Der Eingang zum **Leadenhall Market** [Gracechurch Street, www.leadenhall-market.co.uk] befindet

Millennium Bridge

In „Harry Potter und der Halbblutprinz" ist die **Millennium Bridge** zu sehen. Sie wird hier in einer spektakulären Szene von Harrys Gegnern zerstört. In der Realität erstreckt sich die moderne Fußgängerbrücke weiterhin elegant über die Themse zwischen Tate Modern (siehe S. 36) und St. Paul's Cathedral (siehe S. 42). Nach der ersten Eröffnung im Jahr 2000 musste die Brücke gleich wieder gesperrt werden, weil sie zu sehr schwankte. Ein neues Dämpfersystem gleicht die Schwingungen nun seit Februar 2002 aus.

sich auf der linken Seite. Weitere Zugänge gibt es von der Whittington Avenue und der Lime Street.

Leadenhall Market ist eine überdachte Einkaufspassage im viktorianischen Stil, die 1881 nach Plänen von Sir Horace Jones errichtet wurde. Sie dient im ersten Harry-Potter-Film als Kulisse, dort sieht man den jungen Zauberer in Begleitung von Hagrid durch die Passage laufen. Hier gibt es vor allem Kleidung und Delikatessen zu kaufen, außerdem sind Restaurants und Cafés zu finden.

Auch dem **Tropfenden Kessel** können Sie einen Besuch abstatten, zumindest dem Drehort. Dieser Pub bildet den Übergang von der Muggelwelt zur Winkelgasse. Er ist in der Bull's Head Passage zu finden und an der runden Tür zu erkennen.

Zwischen den Läden und Cafés soll der Eingang zur Winkelgasse liegen

Zeit für eine Stärkung? Klassisch englisch können Sie im Lamb Tavern dinieren (Nr. 10-12, www.lambtavernleadenhall.com), Italienisches serviert der Pizza Express (Nr. 20, www.pizzaexpress.com), mexikanisch isst man im Tortilla (Nr. 28, www.tortilla.co.uk).

Gringott's Bank

Gehen Sie nun zur U-Bahn-Station Monument (siehe Kasten), indem Sie der Gracechurch Street weiter folgen. Mit der Circle oder District Line fahren Sie bis Temple. Von hier aus bringt Sie die

In 61 Metern Höhe erinnert eine vergoldete Urne an den Großen Brand

Surrey Street zur Ecke Aldwych/Strand. Dort steht das **Australia House** [The Strand, London WC2B 4LA], das die Australian High Commission und somit den höchsten diplomatischen Vertreter Australiens in Großbritannien beherbergt. Die Fassade des 1918 fertiggestellten Baus wurde im ersten Harry-Potter-Film zur Gringott's Bank. Im Inneren wurden die Szenen in der Bank gedreht.

Wo Harry Parsel sprach

Den Höhepunkt des Tages bildet der Besuch im **London Zoo** [Regent's Park, London NW1 4RY, Tel. +44 (0)20-77 22 33 33, www.zsl.org. Tägl. Mitte Juli-Sep 10-18, Ende Okt-Frühling 10-16, sonst 10-17.30 Uhr. Preise nach Saison: Erw. £ 20,50-22, Kinder (ab 3 J.) £ 16-17]. Der Zoo befindet sich im Norden des Regent's Park. Von der U-Bahn-Station

---

Monument für den Großen Brand

1666 wütete in London eine solche Feuersbrunst, dass die Häuser an 400 Straßen in Schutt und Asche lagen. Der „Große Brand" brach in einer Bäckerei an der Pudding Lane aus. Genau 61 Meter entfernt steht heute ein Denkmal mit ebenfalls 61 Metern Höhe, das an diese Nacht erinnert: das Monument. Der Baumeister Christopher Wren (siehe Kasten S. 61) entwarf es in Form einer dorischen Säule, gekrönt von einer vergoldeten Urne. 311 Stufen führen zu einer Aussichtsplattform mit wunderschöner Rundumsicht. Wer wieder unten ist, erhält eine Urkunde! **The Monument**, Fish Street Hill, London EC3R 6DB, Tel. +44 (0)20-76 26 27 17, *www.themonument.info. Tägl. 9.30-17 Uhr. Erw. £ 3, Kinder £ 1,50.*

Temple bringt Sie die Circle Line zur Baker Street. Dort nehmen Sie den Bus 274 zum Zoo. Alternativ können Sie mit dem Waterbus über den Kanal bis zum Zoo schippern (siehe Kasten).

Hier fand im Reptilienhaus die Szene statt, in der Harry zum ersten Mal mit einer Schlange auf Parsel spricht und sein Cousin Dudley in das Terrarium einer Python fällt. Gedreht wurde am Terrarium der Schwarzen Mamba. Das 1926 erbaute Reptilienhaus beherbergt außerdem weitere Schlangen, Frösche, Krokodile und Echsen.

Insgesamt leben 760 verschiedene Tierarten im Zoo. Dazu gehören Giraffen, Nilpferde, Pinguine und Tiger. Heimisch sind hier aber auch so manche Tiere, die in deutschen Tierparks nur selten zu sehen sind – Okapis, Mangusten, Servale, Komodowarane und Erdferkel zum Beispiel. Beim Nachwuchs kommt garantiert der Kinderzoo Animal Adventure gut an, wo Nasenbären und Pandas nach einer Kletterpartie auf Augenhöhe beobachtet werden können. Hier befinden sich direkt am Café der Streichelzoo und Spielbereiche.

Über den Kanal zum Zoo

Als Alternative für die Anfahrt zum Londoner Zoo bietet sich eine Schiffstour an. Der Zoo liegt nämlich direkt am Regent's Canal und besitzt einen eigenen Anleger. Die Boote starten in Little Venice, in der Nähe der U-Bahn-Station Warwick Avenue. Wer statt zum Zoo lieber nach Camden Lock möchte (siehe S. 113), fährt bis zur Endstation mit **London Waterbus Company**, *Anleger am Warwick Crescent, Tel. +44 (0)20-74 82 26 60, www. londonwaterbus.com. April-Sep stdl. 10-17, letzte Rückfahrt ab Zoo 17.15, Okt Do-So und Nov-März Sa/So 11, 13, 15 Uhr. Erw. inkl. Zoo-Eintritt £ 22, Kinder £ 17,50, Rückfahrt £ 4,70, Kinder £ 3,70. Fahrt bis Camden Lock und zurück: Erw. £ 10,30, Kinder £ 8,40.*

Dreimal täglich geben die Pinguine ihre Kunststücke zum Besten

Nicht verpassen sollten Sie außerdem das Gorilla-Königreich und das Tropenhaus. Sie können sich im Butterfly Paradise von Schmetterlingen umflattern lassen oder im BUGS-Haus für Artenvielfalt auf die Suche nach dem Nacktmull begeben …

Zu den täglichen Veranstaltungen gehören in der Saison Fütterungen und Vorführungen am Pinguinstrand (11.30, 13.30 und 16.30 Uhr), im Amphitheater (12.30 Uhr, Wochenende und Ferien auch 15.30 Uhr), im Regenwaldhaus (14.30 Uhr) und bei den Löwen (15 Uhr).

Tour 5: Coole Tour für hippe Teens

Hard Rock Café • Piccadilly Circus • Soho • Chinatown • London Dungeon oder London Bridge Experience • Theater

Wo: London (City und Camden) – Wie: zu Fuß und mit der U-Bahn – Dauer: Tagesausflug – Nicht vergessen: Einkaufstasche

Die berühmten Sehenswürdigkeiten wie das London Eye oder Madame Tussauds finden Kinder jeden Alters toll. Jugendliche aber haben meist noch ganz andere Wünsche für einen Londontrip. Mit dieser Tour sammeln Sie bei Ihrem Nachwuchs im Teenageralter garantiert Punkte. Shoppen in angesagten Läden gehört genauso dazu wie eine Portion gruseligster Unterhaltung. Abends kann schließlich noch ein Theaterbesuch auf dem Programm stehen.

Hard Rock Café

Eines der beliebtesten Souvenirs für junge Leute ist ein T-Shirt mit dem Logo des **Hard Rock Café**. Das allererste Restaurant der Kette war die 1971 eröffnete Londoner Filiale an der Ecke Old Park Lane und Piccadilly in der Nähe des Hyde Park [Hard Rock Café London, 150 Old Park Lane, London W1K 1QZ, Tel. +49 (0)20-75 14 17 00, www. hardrock.com. Shop Mo-Sa 9.30-23.30, So 9.30-23, Restaurant So-Do 11.30-12.30, Fr/Sa 11.30-13, The Vault tägl. 11-23 Uhr. U Green Park oder Hyde Park Corner]. Ab 1982 eröffneten weltweit weitere

Mit seiner Gitarre wollte Eric Clapton einst einen Stammplatz reservieren

Filialen. Zum Konzept gehört es, neben dem Angebot von Burgern und Co. auch Erinnerungsstücke von Musikern in den Räumen zu präsentieren. Die Kette besitzt die weltweit größte Sammlung an Musik-Erinnerungsstücken wie Instrumente, Kleidung, Fotos oder Goldene Schallplatten von Rockmusikern. In London hängen diverse Gitarren und andere Ausstellungsstücke nicht nur im Restaurant, sondern sie werden in eigenen Räumen, dem Vault (Gewölbe), gezeigt. Kostenlos lassen sich hier eine Bassgitarre von Sting oder eine von John Lennon getragene Jacke besichtigen. Ebenfalls zu sehen ist das erste Stück überhaupt, das den Weg ins Café fand: eine Gitarre von Eric Clapton, der mit ihr seinen Stammplatz reservieren wollte. Wenn Sie das Restaurant besuchen möchten, ist eine

Reservierung zu empfehlen. Für Kinder bis zehn Jahre gibt es ein Kids-Menü. Im Shop lassen sich neben T-Shirts im klassischen Weiß mit Logo viele weitere Designs, auch in Kindergrößen, erstehen. Der Aufdruck mit der jeweiligen Stadt ist übrigens nach wie vor nur vor Ort und nicht übers Internet erhältlich.

Kleidung mit dem Elch

Besonders angesagt bei Jugendlichen ist die amerikanische Modekette **Abercrombie & Fitch**, deren Markenzeichen ein Elch ist. In London befindet sich die erste europäische Filiale – entsprechend ist der Andrang [7 Burlington Gardens, London W1S 3ES. Tel. +44 (0)844-412 57 50, www.abercrombie.com. Mo-Sa 10-19, So 12-18 Uhr. U Piccadilly Circus]. Inzwischen haben auch in Deutschland Läden eröffnet, aber im Londoner Geschäft einzukaufen ist natürlich besonders hip. Wenn Sie vom Hard Rock Café kommen, können Sie den Fußweg von 1,1 Kilometern über Piccadilly und Old Bond Street

Große Werbetafeln dürfen heute nur noch diese „Ecke" des Piccadilly zieren

> ## Believe it or not!
>
> *Am Piccadilly Circus ist das Museum **Ripley's Believe It or Not** beheimatet. Hier sind Merkwürdigkeiten aller Art auf fünf Stockwerken versammelt. Schrumpfköpfe gehören genauso dazu wie ein Auto aus Garn, ein Haigebiss oder eine Puppe in Originalgröße von Robert Wadlow, dem größten jemals lebenden Menschen der Welt. The London Pavilion, 1 Piccadilly Circus, London W1J 0DA, Tel. +44 (0)20-32 38 00 22, www.ripleyslondon.com. Tägl. 10-0 Uhr, Erw. £ 26,95, Kinder (4-15 J.) £ 21,95, Familien £ 87,95.*

zu den Burlington Gardens nehmen. Ansonsten fahren Sie am besten mit der U-Bahn bis Piccadilly Circus und gehen von dort über Regent Street und Vigo Street. Hübsche Models, laute Musik und Parfümduft sorgen bei Abercrombie dann für ungewohnte Shoppingerlebnisse, über die auch Eltern staunen.

Piccadilly Circus

Zur Zeit des British Empire als Mittelpunkt der Welt bezeichnet, ist der **Piccadilly Circus** heute vor allem ein quirliger Treffpunkt. Die riesigen Werbetafeln, die allerdings nur noch an einer der „runden" Ecken erlaubt sind, prägen sein Gesicht. Auf den Stufen des Gedenkbrunnens für den Earl von Shaftesbury versammeln sich gern Jugendgruppen für eine Pause inmitten des Gewühls.

Errichtet wurde das Denkmal 1893, um die menschenfreundlichen Taten des Earl zu würdigen, der sich stets sehr für die Arbeiterklasse eingesetzt hatte. Gekrönt ist das Denkmal darum vom „Engel der christlichen Nächstenliebe", wirklich bekannt wurde dieser kleine nackte Bogenschütze allerdings als Eros, der griechische Gott der Liebe.

Shoppen in Soho

Hier beginnt auch **Soho**, ein besonders buntes Viertel Londons, das sich von einem Treffpunkt der Künstler, Musiker und Schriftsteller zu einem Einkaufsparadies gewandelt hat. Die großen Straßen Regent Street und Oxford Street beherbergen alle großen Marken, die man sich vorstellen kann. Auch das Spielwaren-Kaufhaus Hamleys ist hier zu finden (siehe Kasten S. 114). Aus den wilden Sechzigern bekannt ist die Carna-

West End und Soho

Als **West End** bezeichnet man ein Gebiet in London, das westlich der alten City liegt. Bekannt ist das West End vor allem als Theaterviertel. Es wird begrenzt von Oxford Street im Norden, Kingsway im Osten, Strand im Süden und Regent Street im Westen. Der westliche Teil dieses Gebiets wiederum ist **Soho**, begrenzt von der Charing Cross Road. „Soho" soll angeblich ein Jagdruf aus dem 16. Jahrhundert sein, als hier noch Getreide auf weiten Feldern wogte.

Soho Pizzeria

Nach dem Shoppen eine Pizza? Die sind lecker in der **Soho Pizzeria**, dazu gibt es abends dezente Livemusik. Auch Nudelgerichte wie Lasagne oder Spaghetti bolognese und Salate sind erhältlich. Hardy House, 16-18 Beak Street, London, W1F 9RD, Tel. +44 (0)20-74 34 24 80, sohopizzeria.co.uk. Mo-Sa 12-0.30, So 13.30-22 Uhr. U Piccadilly Circus.

by Street, die heute als Fußgängerzone gestaltet ist und an der vor allem Modeläden zu finden sind.

Das Zentrum des Kinos

Leicester Square ist Londons cineastisches Zentrum. An diesem Platz östlich von Piccadilly Circus befinden sich große Kinos wie das Odeon oder das Empire. Häufig finden hier große Premierenfeiern mit prominenten Schauspielern statt. Unter anderem wurden hier alle Weltpremieren der Harry-Potter-Filme gefeiert. Das **Odeon-Kino** fasst 1.683 Zuschauer in seinem einzigen Kinosaal [Odeon Leicester Square, 24-26 Leicester Square, London WC2H 7JY, www.odeon.co.uk].
Auf dem Platz zeichnen sich auch die Handabdrücke zahlreicher Stars wie Bruce Willis oder Tom Cruise ab. Außerdem gehört zum Leicester Square ein kleiner Park mit einer Statue von William Shakespeare in der Mitte, drumherum befinden sich weitere kleine Figuren, wie z. B. von Charlie Chaplin.

Chinatown

Nur ein Katzensprung ist es von hier bis **Chinatown** (www.chinatownlondon.org). Die Gerrard Street und ihre Nebenstraßen (Lisle Street, Newport Place, Rupert Street) sind mit Restaurants, Bäckereien und Supermärkten komplett in asiatischer Hand. Den Eingang der Gerrard Street bildet ein großes chinesisches Tor und die Straßenschilder sind sowohl in Englisch als auch Chinesisch beschriftet. Besonders schön geschmückt wird das Viertel zum chinesischen Neujahrsfest, doch auch sonst kann man in eine ganz besondere Atmosphäre abtauchen, vor allem abends, wenn alles beleuchtet ist. Authentisches Essen erhalten Sie in den Restaurants, die sich dicht an dicht reihen – insgesamt sind es 78 in Chinatown. Dim Sum lässt sich beispielsweise bei **Dumpling's Legend** probieren [15-16 Gerrard Street, London W1D 6JE, Tel. +44 (0)20-74 94 12 00, www.dumplings legend.com. Tägl. ab 12 Uhr]. Dabei werden Teigtaschen (dumplings) in Bastkörbchen per Dampf gegart.

Ein kleines Stück China mitten in Englands Hauptstadt

Gänsehaut

Für Kinder ab etwa zwölf Jahren steht oft ein Gruselerlebnis auf der Wunschliste ihres Londonbesuchs. Mehrere Gruselkabinette buhlen in der britischen Hauptstadt um die Gunst der Besucher. Gänsehaut und Schauer über den Rücken sind sowohl im London Dungeon als auch bei London Bridge Experience garantiert. Beide Gruselattraktionen liegen in unmittelbarer Nachbarschaft am Südufer der Themse an der London Bridge. Die gleichnamige U-Bahn-Station wird von der Northern und der Jubilee Line angefahren. Von Leicester Square geht es am schnellsten, wenn Sie bis zur Haltestelle Waterloo fahren und dort umsteigen.

Schaurige Geschichtsstunde

Sollten Sie sich für das **London Dungeon** entscheiden, unternimmt Ihre Familie eine spannungsgeladene Reise durch mehrere blutige und grausame Stationen der Geschichte Londons [28-34 Tooley Street, London SE1 2SZ, Tel. +44 (0)20-74 03 72 21, www.the-dungeons.co.uk. Tägl. geöffnet, Kernzeit 10-17, Ferien bis 18 o. 19 Uhr. Erw. £ 24, Kinder (bis 15 J.) £ 18,60, Online-Ermäßigungen, auch Kombitickets]. Schauspieler stellen bestimmte Szenen nach und entführen die Zeitreisenden so direkt zum Großen Brand von London, zu Jack the Ripper oder zur Pest. Der Weg führt außerdem durch ein Spiegellabyrinth und beinhaltet mehrere Fahrgeschäfte, darunter eine 5D-Fahrt und einen Fallturm. Zwischendurch wird man natürlich gern auch mal erschreckt … Es ist geplant, dass der London Dungeon im Januar 2013 in die County Hall am London Eye umzieht und dabei einer

Lasst mich raus! Für die London Bridge Experience braucht es starke Nerven

kompletten Erneuerung unterzogen wird. Das führt zu einer kurzzeitigen Schließung der Attraktion Ende 2012.

Gruseligste Attraktion Englands

2008 wurde die **London Bridge Experience** zusammen mit der Schwesterattraktion, den **London Tombs**, eröffnet, deren Eintritt im Ticketpreis enthalten ist [2-4 Tooley Street, London SE1 2PF, Tel. +44 (0)844-847 22 87, www.the londonbridgeexperience.com. Mo-Fr 10-17, Sa/So 10-18 Uhr. Erw. £ 23, Kinder £ 17, Familien (4 Pers.) £ 74, Online-Ermäßigungen]. Das Konzept ist ähnlich wie beim Dungeon, der zweite Teil in den Tombs jedoch um einiges gruseliger. Nicht umsonst erhielt das

Schauerkabinett mehrfach den Preis für Englands gruseligste Attraktion. Also nur etwas für Nervenstarke!

Die Stationen in der „Experience" beziehen sich alle auf die London Bridge, in deren Gewölben sie sich befindet. Die erste Brücke erbauten die Römer, später kamen die Wikinger und zerstörten sie wieder – Sie dürfen selbst bei ihrem Einsturz mithelfen … In der ehemaligen Pestgrube der Tombs braust dann die Kettensäge, Sie zwängen sich durch rasselnde Ketten und werden so manche Schrecksekunde erleben.

Theater

Alles gut überstanden? Dann könnte am Abend noch ein etwas ruhigerer Theaterbesuch auf dem Programm stehen.

Zu Besuch bei Shakespeare

Seit das 1613 abgebrannte **Globe Theatre** *1997 rekonstruiert und wieder eröffnet wurde, ist es ein Publikumsmagnet. Tagsüber kann der runde Bau bei einer Führung besichtigt werden, in der Saison werden Stücke des berühmten einstigen Mitinhabers William Shakespeare aufgeführt. Wie damals gibt es günstige Stehkarten direkt vor der Bühne – bei Regen wird man hier allerdings nass. 21 New Globe Walk, Bankside, London SE1 9DR, Tel. +44 (0)20-79 02 14 00, www.shakespearesglobe.com. Stehplätze £ 5, Sitzplätze ab £ 15, Kinder (bis 17 J.) £ 3 Ermäßigung. Führung Mo 9.30-17, Di-Sa 9.30-12.30, So 9.30-10.30 Uhr. Erw. £ 13,50, Kinder (5-15 J.) £ 8, Familien (5 Pers.) £ 36.*

Ein Musical hat den Vorteil, dass es auch ohne herausragende Englischkenntnisse verstanden werden kann. Zudem stehen die Aufführungen in hervorragendem Ruf. Ein Dauerbrenner im Londoner West End schon seit 2002 ist „We will rock you" [Dominion Theatre, 268-269 Tottenham Court Road, London W1T 7AQ, Tel. +44 (0)20-86 16 51 13, www.dominiontheatrelondon.com. Tickets £ 32-62. U Tottenham Court Road]. Eine weitere Möglichkeit bietet das Musical „Der König der Löwen" im **Lyceum Theatre** [21 Wellington Street, London WC2E 7RQ, Tel. +44 (0)20-74 20 81 00, www.lyceumtheatrelondon.com. Tickets £ 35-90. U Temple]. Im **Prince of Wales Theatre** kann bei „Mamma mia!" ABBAs größten Hits gelauscht werden [31 Coventry Street, London W1D 6AS, Tel. +44 (0)844-482 51 15. www.princeofwalestheatrelondon.info. Tickets £ 20-64. U Piccadilly Circus]. Informationen auf Deutsch erhalten Sie unter www.london-musical-karten.de. Dort können Sie auch die Tickets buchen.

Das weltberühmte Globe Theatre wurde originalgetreu rekonstruiert

Last Minute ins Theater

Günstige Last-Minute-Theatertickets verkauft **TKTS** *am Leicester Square (Mo-Sa 10-19, So 11-16 Uhr) am Tag der Aufführung und bis zu einer Woche im Voraus. Sie erhalten hier Karten zum halben Preis oder mit hohen Ermäßigungen. Es ist ratsam, gleich zur Eröffnung um 10 Uhr vor Ort zu sein. Mehr Informationen unter www.tkts.co.uk.*

Tour 6: Oxford – studentisch und zauberhaft

Oxford Castle • Carfax Tower • Christ Church College • Punting auf dem Fluss Cherwell • University Church Tower • Pitt Rivers Museum

Wo: Oxford – Wie: mit Bahn (oder Auto) und zu Fuß – Dauer: Tagesausflug – Nicht vergessen: Wechselkleidung für den Punter

Oxfords Name ist untrennbar mit seiner Universität verbunden – eine der ältesten und angesehensten der Welt. Doch nicht nur Studentenluft lässt sich zwischen den sandsteinfarbenen Gebäuden schnuppern, sondern auch auf den Spuren von Harry Potter wandeln. In Oxford wurden nämlich einige bekannte Szenen der Zauberlehrling-Filme gedreht.

Oxford Castle und St. George's Tower

Reisen Sie von London aus mit der Bahn an? Dann steigen Sie in Paddington ein und sind nach rund einer Stunde in **Oxford**, 90 Kilometer nordwestlich der Hauptstadt. Mit dem Auto nehmen Sie die A 40 und wechseln auf die M 40. Informationen hält die **Touristinformation** für Sie bereit [Oxford Information Centre, 15-16 Broad Street, Oxford OX1 3AS, Tel. +44 (0)1865-25 22 00, www.oxford.gov.uk. Mo-Sa 9.30-17, So 10-13/13.30-15.30 Uhr].

Der Bahnhof liegt im Osten der Stadt, nur 500 Meter vom ersten Ziel entfernt: dem **Oxford Castle**. Dafür überqueren

Bequeme Besichtigung

Direkt am Bahnhof beginnen Sightseeing-Bustouren im Doppeldecker. Nach dem „Hop on, hop off"-Prinzip dürfen Sie an allen 20 Stationen aus- und später wieder zusteigen. **City Sightseeing Oxford**, *No. 1 Shop, Oxford Railway Station, Park End Street, Oxford OX1 1HS, www.citysightseeingoxford.com. Alle 10 Min. tägl. 9.30-17, im Sommer bis 18, Nov-Feb alle 30 Min. bis 16 Uhr. 24-Std.-Ticket Erw. £ 13, Kinder £ 6, Familien (2 Erw. + 3 Kinder) £ 33.*

Sie die Park End Street und folgen ihr nach links. Nach der Brücke geht sie in die New Road über, rechts hinter dem Hügel liegt die Burg. Sie ist eines der ältesten Gebäude der Stadt und kann im Rahmen einer geführten Tour besichtigt werden [44-46 Oxford Castle, Oxford OX1 1AY, Tel. +44 (0)1865-26 06 66, www.oxfordcastleunlocked.co.uk. Tägl. 10-17, letzte Tour 16.20 Uhr. Erw. £ 8,95, Kinder (5-15 J.) £ 5,95, Familien £ 25, Kinder (bis 4 J.) dürfen nicht auf den Turm].

Robert d'Oyly, einer der normannischen Eroberer, die mit William the Conqueror auf die Insel kamen, erbaute die Burg

1071. Vom 12. Jahrhundert bis 1996 wurde sie als Gefängnis genutzt. Die Guides treten in historischen Kostümen auf und bringen Sie während der 40-minütigen Führung in die Krypta und auf den St. George's Tower. Anschließend besichtigen Sie die Ausstellung in den ehemaligen Gefängniszellen, wo Kinder sich als Gefangene verkleiden können.

Träumende Turmspitzen

Wer die Stadt von einer höheren Warte genießen möchte, kann das im Zentrum tun. Nicht umsonst wird Oxford auch „The City of the Dreaming Spires" genannt – die Stadt der träumenden Turmspitzen. Türme gibt es reichlich, denn jedes College besitzt einen eigenen.

> ### Wo ist denn hier die Uni?
>
> *Anders als wir es aus Deutschland kennen, ist die **Universität von Oxford** nicht zentral organisiert, sondern ein Zusammenschluss aus 38 Colleges. Jedes einzelne College bietet fast alle Fächer in seinem Lehrangebot an und ist wie eine eigene kleine Universität. Herausragende Noten sind die Voraussetzung für eine Aufnahme. Wer das schafft, steht in einer Reihe mit berühmten Schriftstellern, Premierministern und Wissenschaftlern des Landes.*

Die Kirche musste dem Verkehr weichen, der Turm durfte bleiben

Um ins Zentrum zu kommen, folgen Sie der New Road weiter. Sie wird zur Queen Road und dann zur High Street. Am Übergang der beiden Straßen ragt links der **Carfax Tower** empor [Queen Street, www.citysightseeingoxford.com. Tägl. Ostern-Sep 10-17.30, Okt 10-16.30, Nov-Ostern 10-15.30 Uhr. Erw. £ 2,30, Kinder (5-15 J.) £ 1,20]. Er ist der einzige Rest der St. Martin's Church, die 1896 abgerissen wurde, um Platz für den Verkehr zu schaffen. Unter der Turmuhr schlagen zwei kleine Ritter zu jeder Viertelstunde Glocken an. 99 Stufen führen zur Aussichtsplattform.

Zauberhafter Schauplatz

Am Carfax Tower beginnt die High Street, das Zentrum Oxfords mit zahlreichen Colleges und Einkaufsläden. Doch zunächst biegen Sie rechts ab in St. Aldate's. Diese bringt Sie zum **Christ Church College** und damit zu Harry

Potter. Gleich an vier Stellen wurde in dessen Räumen gedreht. Die Große Treppe z. B. ist Schauplatz im ersten Film. Professor McGonagall empfängt dort die neuen Schüler. Die Halle, in der sonst die Studenten speisen, war das Vorbild für den Esssaal. Doch auch wer sich nicht für den Zauberlehrling interessiert, findet Gefallen an der Architektur des College, das 13 Premierminister hervorgebracht hat. Schon am Eingang beeindruckt der Tom Tower, der von Sir Christopher Wren (siehe Kasten) entworfene höchste Turm Oxfords. Hinter dem Haupteingang erreichen Sie Tom Quad, den großen Hof, der als Kulisse in der Verfilmung von „Der Goldene Kompass" diente. Weitere Infos zu Drehorten bietet www.locationoxfordshire.co.uk. Inspirierend wirkte das College schon zu früherer Zeit. Lewis Carroll nahm sich

Dieser Speisesaal hat durch Harry Potter Berühmtheit erlangt

die Tochter des Dekans als Vorbild für „Alice im Wunderland".
Auf dem Gelände des College befindet sich auch die **Christ Church Cathedral**, die Kathedrale der Diözese Oxford [St. Aldate's, Oxford OX1 1DP, Tel. +44 (0)1865-27 61 50, www.chch.ox.ac.uk. Mo-Sa 9-17, So 14-17 Uhr. Erw. £ 8, Kinder (5-17 J.) £ 6,50, Familien £ 16, Ermäßigungen bei geschlossener Halle und/oder Kathedrale].

Es könnte nass werden

Der Ausgang des Christ Church College liegt an der Merton Street. Gehen Sie geradeaus, bis rechts ein kleiner Gang mit schmiedeeisernem Tor abzweigt (Merton Grove). Am Ende wenden Sie sich nach links und sind nun auf dem Deadman's Walk. Der Name erinnert an die Zeit im 12. Jahrhundert, als verstorbene Juden von der Synagoge über diesen Weg zum Friedhof überführt wurden. An der Rose Lane gehen Sie nach links am Botanischen Garten vorbei. An der High Street rechts erreichen

Ein großer Baumeister

Wie kein anderer hat **Christopher Wren** *das Aussehen Londons geprägt. Nach dem Großen Brand von 1666 wurde der Mathematiker, Astronom und Architekt zum Stadtbaumeister ernannt. Seine bekanntesten Londoner Bauten sind St. Paul's Cathedral (siehe S. 42), Kensington Palace und das Monument (siehe Kasten S. 51). In Greenwich entwarf er das Old Royal Naval College (siehe S. 46) und das Observatorium. Den Tom Tower und das Sheldonian Theatre erbaute er in seinem Studienort Oxford.*

Sie die Magdalen Bridge mit Bootshaus. Hier können Sie sich in der Kunst des **Punting** üben. Ein Punt ist ein flaches Boot, das mit einem Stecken fortbewegt wird. Die Kunst besteht darin, sich nicht zwanghaft an den Stab zu klammern, sondern beizeiten loszulassen, falls man feststeckt. Wer sich das nicht zutraut, kann sich auch einen Chauffeur mieten oder aber ein Ruder- oder Tretboot leihen. Mit Ihrem Wasserfahrzeug können Sie entlang dem Botanischen Garten, durch die Wiesen und bis zur Themse schippern [Oxford Punting, Magdalen Bridge Boathouse, The Old Horse Ford, High Street, Oxford OX1 4AX, Tel. +44 (0)1865-20 26 43, www.oxfordpunting. co.uk. März-Okt tägl. 9.30-21 Uhr bzw.

bis 1 Std. vor Sonnenuntergang. Punting (5 Pers.) je Std. Mo-Fr £ 16, Sa/So £ 20, 30 Min. mit Chauffeur £ 23 (max. 4 Passagiere), Ruder- oder Tretboot (jeweils für 4 Pers.) je Std. £ 16, Sa/So £ 20].

Hoch hinaus

Haben Sie das Flussabenteuer gut überstanden? Dann gehen Sie nun wieder entlang der High Street auf den Carfax zu. Bald lässt sich Oxford wieder von oben betrachten. Nach 127 Stufen bietet der **Turm der University Church** einen besonders schönen Ausblick [University Church of St. Mary the Virgin, High Street, Oxford OX1 4BJ, Tel. +44 (0)1865-27 91 11. Kirche und Turm tägl. 9-17, Juli/Aug bis 18, Turm So ab 11.45 Uhr.

Wer nicht nass werden will, sollte den Punting-Stab beizeiten loslassen

Sunday Roast in Oxford

*Bei **Quod** sitzen Sie in der ehemaligen Eingangshalle einer Bank oder aber auf der großen Terrasse im Freien. Nachmittags können Sie den Afternoon Tea bestellen. Das Kindermenü ist jederzeit erhältlich: Pizza, Pasta, Burger, Würstchen – oder doch mal einen Salmon Fishcake? Der Sunday Roast (Fleisch, Kartoffeln, Gemüse, Yorkshire-Pudding) ist ebenfalls als Kinderportion zu bestellen. 92-94 High Street, Oxford OX1 4BJ, Tel. +44 (0)1865-20 25 05, www.quod.co.uk. Tägl. 7-23, So bis 22.30 Uhr.*

Venedig gleicht. Der Weg bis zum **Pitt Rivers Museum** [Parks Road, Oxford OX1 3PW, Tel. +44 (0)1865-27 09 27, www.prm.ox.ac.uk. Mo 12-16.30, Di-So 10-16.30 Uhr. Eintritt frei] ist knapp einen Kilometer lang. Wem Schrumpfköpfe zu gruselig sind, kann auch das **University Museum of Natural History** besuchen [Tel. +44 (0)1865-27 29 50, www.oum.ox.ac.uk. Tägl. 10-17 Uhr. Eintritt frei], mit dem es sich den Eingang teilt. Alle anderen dürfen gespannt sein auf unzählige ungewöhnliche Objekte aus aller Welt. Der General Pitt Rivers überließ 1884 seine Sammlung der Universität, seitdem sind viele weitere Kuriositäten hinzugekommen. Dazu gehören Samuraischwerter, Totempfähle oder Kugelfischlampen.

Über die Museum Road, St. Giles', Beaumont, Worcester sowie Hythe Bridge Street geht es zurück zum Bahnhof.

Erw. £ 3, Kinder (5-15 J.) £ 2,50, Familien (2 Erw. + 2 Kinder) £ 10]. Hinter der Kirche befindet sich der Radcliffe Square. John Radcliffe war ein Arzt, der der Stadt im 18. Jahrhundert eine Bücherei stiftete. In dem markanten Rundbau im Stil des Klassizismus befindet sich heute ein Lesesaal. Mit Blick auf diese Gebäude lässt sich im Vaults & Garden Café der Kirche eine Pause einlegen.

Pitt Rivers – faszinierend

Über den Radcliffe Square kommen Sie in die Catte Street, die zur Parks Road wird. Links können Sie noch die Bodleian Library bewundern, in der ebenfalls Szenen für Harry Potter gedreht wurden. Sie ist die Hauptbibliothek der Universität. Rechts sehen Sie die Seufzerbrücke, die die New College Lane überspannt und ihrer berühmten Schwester in

Experimente

*Statt Museum lieber Wissenschaft? Viel ausprobieren darf der Nachwuchs im **Science Centre Oxford**. Dort gibt es zahlreiche interaktive Stationen zu den Themen Licht, Ton, Magnetismus, Kräfte und Problemlösung. Von der Magdalen Bridge sind Sie nach 600 Metern über The Plain und St. Clement's Street dort. 1-5 London Place, Oxford OX4 1BD, +44 (0)1865-81 00 00, www.scienceoxford.com. Sa/Ferien 10-17 Uhr. Eintritt frei, Discovery Zone £ 3,50/Pers.*

Tour 7: Eintauchen in die Geschichte

Chislehurst Caves • Leeds Castle • Chatham: Dickens World oder Ford Amherst

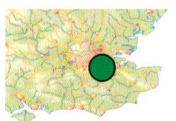

Wo: östlich von London – Wie: mit dem Auto, die einzelnen Ziele auch per Bahn ab London – Dauer: Tagesausflug – Nicht vergessen: warme Kleidung für die Höhle

Diese Tour führt Sie in den Südosten Londons. In den Höhlen von Chislehurst geht es tief hinab in die Erde, auf Leeds Castle schnuppern Sie königliche Luft und zum Schluss tauchen Sie mit Charles Dickens direkt ins Viktorianische Zeitalter ein.

In die Erde

Die **Höhlen von Chislehurst** finden Sie 20 Kilometer südöstlich von London [Chislehurst Caves, Caveside Close, Old Hill, Chislehurst BR7 5NL, Tel. +44 (0)20-84 67 32 64, www.chislehurst-caves.co.uk. Mi-So (Ferien tägl.) 10-16 Uhr stdl. Führungen. Erw. £ 5, Kinder (3-15 J.) £ 3. A 20, auch per Bahn ab London Charing Cross oder Cannon Street]. Die Gänge wurden einst von Menschenhand 30 Meter tief in die Erde gegraben. Mindestens seit 1250 holten Minenarbeiter den Kalk aus dem Boden, um daraus Steine zu brennen. Auch Feuersteine wurden ausgebuddelt.

Leeds Castle war Heimat vieler Königinnen, z. B. von Katharina von Aragón

Im Ersten Weltkrieg diente das weitverzweigte Labyrinth als Munitionsdepot, in den 1930er-Jahren züchtete man hier Pilze. Während des Zweiten Weltkriegs wurden die Höhlen zu einem der größten Luftschutzbunker Englands, der Platz für 15.000 Menschen bot. In den 1960er-Jahren schließlich spielte so manche Popgröße in den unterirdischen Räumen, von den Rolling Stones bis zu David Bowie und Pink Floyd. Ob die Gänge tatsächlich schon von Druiden und Römern genutzt wurden, ist nicht sicher, doch während der Führung können mögliche Druidenaltäre oder römische Überbleibsel erspäht werden.

Die schönste Burg Englands

Geschichte atmen lässt sich auch auf **Leeds Castle**. Die Burg liegt 50 Kilometer östlich von Chislehurst und ist schnell über die M 20 zu erreichen [Maidstone ME17 1PL, Tel. +44 (0)1622-76 54 00, www.leeds-castle.com. Tägl. April-Sep 10.30-18, Okt-März 10.30-17 Uhr. Erw. £ 19,75, Kinder (4-15 J.) £ 12,50. Bahn ab London Victoria nach Bearsted, dort Shuttle zur Burg]. Das Wasserschloss gilt als eine der schönsten Burgen Englands. Es liegt auf zwei Inseln mitten in einem großen See und war viele Jahrhunderte lang königlicher Palast insbesondere für die englischen Königinnen, darunter Johanna von Navarra (1368-1437) und Katharina von Aragón (1485-1536), der ersten Frau von Henry VIII. Im 17. Jahrhundert diente die Burg als Gefängnis, wurde schließlich ein Privathaus, um nun zu den meistbesuchten Attraktionen im Süden Englands zu zählen.
Wenn der Tag hier ausklingen soll, können Sie auch noch klettern bei **Go Ape!**

> ## Mit dem Raddampfer auf dem Medway
> *Unweit der Dickens World (siehe S. 66), in Rochester, lädt der 1924 erbaute Raddampfer „Kingswear Castle" zu einer Bootstour ein. Gestartet wird an der historischen Werft direkt am River Medway.*
> ***Paddle Steamer Kingswear Castle**, The Historic Dockyard, Chatham ME4 4TQ, Tel. +44 (0)1634-82 76 48, www.kings wearcastle.co.uk. Tagestouren: Tägl. April-Okt 11-17 Uhr. Erw. £ 35, Kinder (3-15 J.) £ 25. Kurztrips: 15.30-17 Uhr. Erw. £ 12, Kinder £ 6. Auch der **Historic Dockyard** selbst lohnt einen Besuch: Hier wird die Geschichte des Schiffbaus erzählt. Höhepunkte sind das U-Boot „Ocelot", die historische Seilerei und die Rettungsbootsammlung. Drinnen und draußen laden Spielplätze zum Toben ein. Tel. +44 (0)1634-82 38 07, www.thedockyard.co.uk. Tägl. April-Okt 10-18, Nov 10-16 Uhr. Erw. £ 16,50, Kinder (5-15 J.) £ 11, Familien (4 Pers.) £ 45.*

Einer der großen Kletterparks (siehe S. 90) liegt nämlich ganz in der Nähe.

Burgabenteuer

Die letzte Eigentümerin, Lady Baillie, ließ die Räumlichkeiten ab 1926 wieder instand setzen. Im Inneren der Burg lassen sich verschiedene Prunkräume wie der Bankettsaal des Königs, der gelbe Salon oder die Königinnengalerie besichtigen. Ein Audioguide ist auch auf Deutsch erhältlich, der Familienaudioguide jedoch nur auf Englisch (je £ 3,25). Kinder wird es mehr nach draußen in den **Landschaftsgarten** ziehen. Schon die Fahrt vom Haupteingang zur Burg mit dem Zug Elsie (50 Pence) macht Spaß. Für £ 1 pro Person (April-Sep tägl. 10-17 Uhr) lässt sich mit dem „Schwarzen Schwan" zu einem Heckenlabyrinth übersetzen, dessen Ausgang durch eine Grotte führt. Ein Torflabyrinth, das zu einer Spielburg führt, ist bereits für jüngere Kinder gedacht. Hier befindet sich auch das Reich der Ritter, ein großer Abenteuerspielplatz, der eine Miniversion von Leeds Castle abbildet und zu dem ein Bereich für Kinder unter fünf Jahren gehört. Täglich um 14 Uhr (außer Di u. Do) sollten Sie sich zur Greifvogelshow begeben. Ein Wüstenbussard, ein Falke und ein südamerikanischer Geierfalke (Caracara) zeigen dann ihre fantastischen Flugkünste. Vielleicht schauen Sie noch im Pförtnerhaus vorbei, wo das einzigartige Hundehalsbandmuseum untergebracht ist.

Neben Kiosken und einem Imbiss am Labyrinth bietet das Fairfax Restaurant (tägl. 10.30-17 Uhr) nicht nur leckeres Essen, sondern auch eine wunderschöne Aussicht auf die Burg.

Ins Viktorianische Zeitalter

Die Rundtour geht nun über 20 Kilometer (M 20, A 229) zur letzten Station: **Dickens World** [Leviathan Way, Chatham Maritime ME4 4LL, Tel. +44 (0)1634-89 04 21, www.dickensworld. co.uk. Tägl. 10-16.30, Sa/So u. Ferien

In der Welt von Dickens erwachen seine viktorianischen Charaktere zum Leben

Oliver Twist & Co.

*Abel Magwitch aus Dickens' Roman „Große Erwartungen" führt das gleichnamige Fahrgeschäft, eine Bootstour, an. Das Pfandhaus (pawnbroker) trägt den Namen von Peerybingle aus „Das Heimchen am Herde". Nach Fagin aus „Oliver Twist" wurde die Spielzone benannt. Vielleicht mag Ihr Kind ja schon vor dem Englandbesuch den Roman über den Waisenjungen **Oliver Twist** lesen? Das Buch wird ab zehn Jahren empfohlen.*

bis 17.30 Uhr, Okt-Ostern Mo geschl. Erw. £ 13, Kinder (5-15 J.) £ 8, Familien £ 38. Bahn ab London Victoria, Charing Cross, London Bridge oder St. Pancras]. Dickens World ist dem berühmten Autor **Charles Dickens** gewidmet, der 1812 in Portsmouth geboren wurde (siehe Kasten S. 73). Die Familie zog 1817 nach Chatham um und von dort 1822 weiter nach London.

Der Indoor-Themenpark entführt ins England des 19. Jahrhunderts und in die Lebenswelt von Dickens und seiner Werke. In dem nachgebauten Dorf tummeln sich natürlich auch ein paar Gestalten aus jener Zeit. So ist zum Beispiel hautnah zu erleben, wie es in einer viktorianischen Schule zuging. Und was mag wohl im Spukhaus von 1859 vor sich gehen? Hier wird die „Pepper's Ghost"-Technik angewandt, bei der durch Spiegelungen Dinge verschwinden und wieder auftauchen … Mit dem Boot machen

sich schließlich alle auf eine spritzige Reise der „Großen Erwartungen", ehe die 4D-Show der magischen Laterne und eine Animatronic Show mit beweglichen Dickens-Charakteren auf Sie warten. Für Kinder bis zu 1,45 Meter gibt es außerdem eine eigene Spielzone.

Fort Amherst

Wer sich bei schönem Wetter lieber draußen aufhalten möchte, kann **Fort Amherst** besuchen [Dock Road, Chatham ME4 4UB, Tel. +44 (0)1634-84 77 47, www.fortamherst.com. Fort: tägl. Sonnenaufgang bis -untergang. Eintritt frei. Tunnel-Tour: tägl. 11 u. 14 Uhr. Erw. £ 5, Kinder £ 2,50, Familien £ 12,50]. Es wurde 1756 zum Schutz der Werft von Chatham angelegt und dann 50 Jahre später ausgebaut, als die Franzosen England in den Napoleonischen Kriegen bedrohten. Das Fort mit seinen Katakomben und Wehrgängen ist heute bestens erhalten.

Jamie's Italian

*Eine Niederlassung von Jamie Olivers Restaurant **Jamie's Italian** befindet sich in Bluewater östlich von Dartford. Auf der Rückfahrt Richtung London können Sie hier einkehren. Das Kindermenü kostet £ 5,95. Zur Auswahl stehen z. B. Happy Fish Fingers, Chicken Lollipops oder Spaghetti bolognese. Unit SVU 05, Bluewater, Greenhithe DA9 9ST, Tel. +44 (0)1322-47 07 75, www.jamieoliver.com. Mo-Sa 12-23, So 12-22.30 Uhr.*

Tour 8: Rundtour im Südosten

Canterbury • Dover • Ramsgate

*Wo: Südost-
england – Wie: mit
dem Auto – Dauer:
Tagesausflug –
Nicht vergessen:
festes Schuhwerk*

Diese Rundtour bringt Ihre Familie durch den Garten Englands. So nämlich wird der Südosten der Insel gern genannt. Sanft wellt sich die Landschaft, Obstbäume strecken ihre Zweige mit Kirschen, Äpfeln und Pflaumen entgegen und idyllische Dörfer winken einladend herüber. Typisch ist hier der Hopfenanbau und man sieht vielerorts noch die charakteristischen Darren (Oast Houses) mit spitzen Dächern, in denen der Hopfen traditionell getrocknet wurde (siehe S. 99). Ihre Kinder werden sich weniger für die Landschaft interessieren, doch dafür dürfen sie sich auf eine Burg

mit Geheimtunneln, eine Bootspartie und einen Leuchtturm freuen. Starten Sie in Canterbury wie hier beschrieben oder beginnen Sie Ihre Fahrt an jedem anderen Punkt der vorgestellten Strecke.

Mittelalterliches Canterbury

Canterbury ist vor allem für seine Kathedrale bekannt. Die Kleinstadt besitzt aber auch andere historische Gebäude und hat ihren mittelalterlichen Charme bewahrt. Zu dem romantischen Ambiente trägt der Stour bei, der durch die City fließt und von vielen kleinen Brücken und Stegen überspannt wird. Von London aus erreichen Sie die Stadt in etwa anderthalb Stunden über die M 2 und A 2 [Canterbury Visitor Centre, 12/13 Sun Street, Canterbury CT1 2HX, Tel. +44 (0)1227-37 81 00, www.canterbury.co.uk. Mo-Sa 9.30-17, So 9.30-16.30 Uhr]. Die **Kathedrale von Canterbury** [Canterbury Cathedral, The Precincts, Canterbury CT1 2EH, Tel. +44 (0)1227-76 28 62, www.canterbury-cathedral.org. Mo-Sa 9-17 (Sommer bis 17.30), So 12.30-14.30 Uhr. Erw. £ 9,50, Kinder (bis 18 J.) £ 6,50] ist für die Anglikaner die bedeutendste Kirche Großbritanniens und Sitz des Erzbischofs von Canterbury. Nachdem der Erzbischof Thomas Becket 1170 in der Kirche ermordet wurde, ist sie bis heute Ziel vieler Pilger. Im Eintritt enthalten ist eine Audiotour auf Deutsch. Besonders sehenswert sind der Chor, die Dreifaltigkeitskapelle und die Krypta sowie die Glasmalereien.

*Seit der Ermordung Beckets ist die
Kathedrale ein berühmtes Pilgerziel*

Bei den alten Webern

Typisch englisches Roast bekommen Sie hier für £ 8,95 serviert – im Sommer auch im hübschen Garten. Ploughman's Lunch und Steak and Kidney Pie sind ebenfalls zu haben. Kinder können zwischen fünf Menüs auswählen, darunter das traditionelle Roast Beef. Der Name des Restaurants verweist auf die im 19. Jahrhundert blühende Weberindustrie. **Old Weavers Restaurant**, *1-3 St. Peter's Street, Canterbury CT1 2AT, Tel. +44 (0)1227-46 46 60, www.weaversrestaurant.co.uk. Tägl. 11-17 Uhr.*

Rudertour auf dem Stour

Ist es warm und trocken oder regnerisch und kalt? Im ersten Fall machen Sie doch eine **Bootsfahrt auf dem Stour**, im zweiten bietet sich ein Besuch der Canterbury Tales an. Um zum Start der Flussfahrt zu kommen, folgen Sie von der Kathedrale aus der Mercery Lane und biegen rechts in die High Street ab. So kommen Sie genau auf die Brücke zu, an der die Ruderboote zu ihren Touren starten. Bis zu zwölf Personen dürfen in solch einem Boot Platz nehmen. Der Ruderer ist zugleich Ihr Captain und Guide und weiß so manches aus der Geschichte Canterburys zu erzählen [Historic River Tours, The King's Bridge, Canterbury CT1 2AT, Tel. +44 (0)7790-53 47 44, www.canterburyrivertours.co.uk. März-Okt tägl. 10-17 Uhr, Abfahrten alle 15-20 Min., Dauer 40 Min. Erw. £ 8,

Kinder (12-16 J.) £ 5,50, (bis 12 J.) £ 4,50, Familien (4 Pers.) £ 21,50].

Reise durch Chaucer's Tales

Oder lieber die **Canterbury Tales**? Von der Kathedrale aus gehen Sie ebenfalls die Mercery Lane hinab, dann aber geradeaus weiter auf die St. Margaret's Street. Kurz nach dem Abzweig der High Street sehen Sie rechts die St. Margaret's Church. Dort sind die Canterbury Tales beheimatet [St. Margaret's Street, Canterbury CT1 2TG, Tel. +44 (0)1227-47 92 27, www.canterburytales.org.uk. Tägl. 10-16.30, März-Okt bis 17, Juli/Aug ab 9.30 Uhr. Erw. £ 8,25, Kinder (5-15 J.) £ 6,25]. Der Name bezieht sich auf die gleichnamigen Erzählungen von Geoffrey Chaucer, einem mittelenglischen Schriftsteller aus dem 14. Jahrhundert. Sie begeben sich hier auf eine Reise ins Mittelalter, wo Sie als Pilger von einem Gasthof in London bis zur Kathedrale von Canterbury wandern. Ein Audioführer auf Deutsch ist im Preis ebenfalls inbegriffen.

In Canterbury werden Geoffrey Chaucer's Tales hautnah erlebt

Verteidigung gegen Frankreich

Von Canterbury aus sind es auf der A 2 nur 25 Kilometer bis nach **Dover** [Dover Visitor Information Centre, The Old Town Gaol, Biggin Street, Dover CT16 1DL, Tel. +44 (0)1304-20 51 08, www.whitecliffscountry.org.uk. Mo-Fr 9-17.30, Juni-Aug auch Sa 9-17.30, Sep-Mai auch Sa 10-16, April/Mai/Sep auch So 10-16 Uhr]. Hier besuchen Sie **Dover Castle** [Harold's Road, Dover CT16 1HU, www.english-heritage.org.uk. Tägl. 10-16, Sommer bis 18 Uhr, Nov/Dez Di/Mi geschl. Erw. £ 16,50, Kinder £ 9,90, Familien £ 42,90] und wandern auf

Take a walk on the wild side

Westlich von Sandwich an der Strecke zwischen Dover und Ramsgate warten Pinguine, Wallabys und Krokodile auf kleine Besucher. Einige Gehege können betreten werden, bei der Fütterung der Pelikane, Pinguine, Otter und Reptilien kann man zuschauen. **Wingham Wildlife Park**, *Rusham Road, Wingham CT3 1JL, Tel. +44 (0)1227-72 08 36, www.winghamwildlifepark.co.uk. Tägl. 10-18 Uhr, im Winter bis zur Dämmerung. Erw. £ 11, Kinder (2-15 J.) £ 9, Familien (4 Pers.) £ 35.*

In Dover Castle fühlen sich Kinder wie mittelalterliche Ritter

den berühmten Weißen Klippen zum Leuchtturm South Foreland. Parken Sie direkt an der Burg an der Harold's Road. Dover Castle besitzt eine strategisch bedeutsame Lage an der schmalsten Stelle des Ärmelkanals. Bei klarem Wetter können Sie Frankreich auf der anderen Seite erkennen! Wahrscheinlich gab es bereits unter den Angelsachsen eine Burg an dieser Stelle, unter König Henry II. nahm sie im 12. Jahrhundert allmählich ihre heutige Form an. Gegen die wiederholten Belagerungen durch die Truppen von Louis VIII. von Frankreich ab 1216 wurden schließlich unterirdische Verteidigungsanlagen errichtet. Im Krieg gegen Napoleon kamen unterirdische Tunnel hinzu, in denen mehr als 2.000 Soldaten untergebracht werden konnten. Im Zweiten Weltkrieg dienten sie als

Kommandozentrale und Lazarett. Die mittelalterlichen Wehranlagen und die geheimen Tunnel lassen sich bei einer Besichtigung entdecken. Kinder lieben die Ausstellung im Great Tower, der mit Möbeln und Alltagsgegenständen so hergerichtet wurde, als würde Henry II. noch immer hier residieren. Vielleicht begegnen Sie dem König und seinem Hofstaat sogar! Von oben bieten sich fantastische Aussichten.

Maritimer Wegweiser

Über die Upper Road fahren Sie nun zum **Besucherzentrum der Weißen Klippen**. Diese Kreidefelsen sind über 100 Meter hoch und begrüßen seit ewigen Zeiten Neuankömmlinge, die die Straße von Dover überqueren. Ehe Sie auf dem Klippenweg die herrliche Aussicht genießen, können Sie sich im Besucherzentrum über die Klippen informieren oder ins Café setzen [Visitor Information White Cliffs of Dover, Langdon Cliffs, Upper Road, Dover CT16 1HJ, Tel. +44 (0)1304-20 27 56, www. nationaltrust.org.uk. März-Okt tägl. 10-17, Nov-Feb 11-16 Uhr. Eintritt frei, Parkplatz £ 3/Tag]. Auf etwa drei Kilometern führt der Weg von hier zu dem viktorianischen **Leuchtturm South Foreland** [South Foreland Lighthouse, The Front, St Margaret's Bay, Dover CT15 6HP, Tel. +44 (0)1304-85 24 63,

Beeindruckend: Die Weißen Klippen fallen bis zu 100 Meter hinab zum Meer

www.nationaltrust.org.uk. Mitte März-
Okt Fr-So 11-17.30 Uhr, Ferien auch Di-
Do. Erw. £ 4,50, Kinder £ 2,20, Familien
£ 11], der viele Jahre lang den Schiffen
im Ärmelkanal den Weg wies und vor
allem vor der Sandbank Goodwin Sands
warnen sollte. Bei einer geführten Tour
besichtigen Sie das Innere und für Kinder gibt es ein Quiz.

Die Wikinger sind da

Letztes Ziel auf Ihrer Rundfahrt ist
Ramsgate. Die Stadt an der Ostküste
liegt 30 Kilometer von Dover entfernt
und ist über die A 256 verbunden.
In der Pegwell-Bucht am westlichen
Ende von Ramsgate liegt der Nachbau
des **Wikingerschiffes Hugin** an Land
[Pegwell Bay, Ramsgate CT11 0NJ, Tel.
+44 (0)1843-57 75 77]. 1949 segelten
53 Dänen darauf nach England – in
Erinnerung an die Landung der Wikin-

*Bei Ramsgate legten schon die
Wikinger mit ihren Schiffen an*

> ## Bootstrips ab Ramsgate
>
> *Vom Hafen in Ramsgate
> starten im Sommer zahlreiche
> Boote. Bei einer **Horizon Sea
> Safari** (Tel. +44 (0)7931-74 47
> 88, www.horizonseasafaris.
> com) geht es mit einem soge-
> nannten Festrumpfschlauch-
> boot (RIB) zu den Seehunden
> (Erw. £ 25, Kinder £ 18) oder
> die Küste entlang (Erw. £ 20,
> Kinder £ 15). Ein ähnliches An-
> gebot, jedoch an Bord eines Lu-
> xus-Sportkreuzers, hat **Galleon
> Cruises** (Tel. +44 (0)77400-710
> 15, www.galleoncruises.com).
> Die „Mona Lisa" bringt Sie
> zur Sandbank mit Seehunden
> (£ 30 p. P.) oder zum Offshore-
> Windpark (£ 75 p. P.). Mit dem
> **Fischerboot Seasearcher** (Tel.
> +44 (0)7837-56 20 76, www.
> seasearcher.co.uk) können Sie
> auch einen kurzen Sightseeing-
> Ausflug machen (£ 3 p. P.)
> oder Seehunde im River Stour
> sehen (£ 20 p. P.).*

ger Hengist und Horsa im Jahre 449.
Das Boot kann jederzeit von außen
besichtigt werden. Am Hafen und
Strand genießen Sie den späten Nach-
mittag und Abend. Im **Belgian Café**
[98 Harbour Parade, Ramsgate CT11
8LP, Tel. +44 (0)1843-58 79 25, www.
belgiancafe.co.uk. Tägl. 7-2 Uhr] direkt
am Royal Harbour können Sie mit Blick
aufs Meer zu Abend essen – gut und
günstig. Kindermenüs sind schon für
£ 3 erhältlich.

Tour 9: Portsmouth & Brighton – Hafenstadt und Seebad

Portsmouth: Historic Dockyard • Spinnaker Tower • Brighton: Royal Pavilion • Brighton Pier • Sea Life Centre • Volk's Electric Railway

Wo: Portsmouth und Brighton – Wie: mit Auto oder Zug, einer besonderen Bahn und zu Fuß – Dauer: Tagesausflug – Nicht vergessen: Badekleidung

Das bekannteste und größte Seebad an Englands Südküste ist Brighton. Die wirbelige Stadt, die auch gern „London by the Sea" genannt wird, bildet einen schönen Kontrast zu Portsmouth, einer modernen Hafenstadt, die 80 Kilome-

Das Flaggschiff „HMS Victory" beeindruckt auch heute noch

ter westlich liegt. Sie können diesen Ausflug auch für zwei Tage planen und von Portsmouth aus zusätzlich die Isle of Wight besuchen. Los geht es hier in Portsmouth.

Schiffe am Historic Dockyard

Portsmouth liegt 120 Kilometer südwestlich von London am Ärmelkanal [Visitor Information, neben dem Eingang des Historic Dockyard, The Hard, Portsmouth, Tel. +44 (0)2392-82 67 22, www.visitportsmouth.co.uk. Tägl. 9.30-17.15, Aug bis 17.45 Uhr]. Mit dem Auto ist die Stadt über die A 3, die A 27 oder die M 27 gut zu erreichen. Züge fahren z. B. von London Waterloo direkt bis Portsmouth Harbour (ca. 95 Min.). Die Stadt ist durch den Solent von der Isle of Wight getrennt. Seit dem Mittelalter

Charles Dickens' Geburtsort

Der berühmte Verfasser von „Oliver Twist" und „David Copperfield" kam 1812 in Portsmouth zur Welt. Dem Sohn der Stadt widmet sich das **Charles Dickens' Birthplace Museum**. *Drei Räume sind im Regency-Stil eingerichtet, außerdem werden einige Gegenstände aus Dickens' Besitz gezeigt. 393 Old Commercial Road, Portsmouth PO1 4QL, Tel. +44 (0)2392-82 72 61, www.charlesdickens birthplace.co.uk. April-Sep tägl. 10-17.30 Uhr. Erw. £ 4, Kinder (bis 11 J.) frei.*

entwickelte sie sich zum Marinestützpunkt. Danach sind auch die Museen der Stadt thematisch ausgerichtet (Royal Naval Museum, Submarine World). Außerdem sind im **Historic Dockyard** [HM Naval Base, Victory Gate, Portsmouth PO1 3LJ, Tel. +44 (0)2392-83 97 66, www.historicdockyard.co.uk. Tägl. 10-18, Nov-März bis 17.30 Uhr. Erw. £ 21,50, Kinder (5-15 J.) £ 15,80, Familien (6 Pers.) £ 62,15. Englischer Kids Guide unter www.hms-victory.com] Schiffe

zu besichtigen. Dort beginnen Sie Ihre Erkundung. Mit dem Ticket erhalten Sie Zutritt zur „Mary Rose", zur „HMS Warrior 1860" und zur berühmten **HMS Victory**. Sie war das Flaggschiff von Nelson während der Schlacht von Trafalgar. Ebenfalls inklusive sind die Harbour Tour, eine Schifffahrt durch den Hafen, sowie der Zutritt zu den Action Stations (Experimentierstationen) wie einem Hubschraubersimulator und Kletterwänden. Mehrere Cafés und das Restaurant Boathouse laden zur Pause ein.

Hoch hinaus im Spinnaker Tower

Schon längst gesichtet haben Sie den Turm am Hafen. Der **Spinnaker Tower** [Gunwharf Quays, Portsmouth PO1 3TT, Tel. +44 (0)2392-85 75 20, www.spinnakertower.co.uk. Tägl. 10-18, Aug bis 19 Uhr. Erw. £ 8,25, Kinder (3-15 J.) £ 6,55] wurde 2005 eröffnet und ist benannt nach seiner bauchigen Form, die an ein Spinnakersegel erinnert. Er misst 170 Meter und besitzt drei Aussichtsplattformen. Nach 30 Sekunden Fahrt sind Sie auf Deck 1 (100 m Höhe). Dort wandeln Sie über den größten Glasboden Europas. Auf Deck 3, dem sogenannten Krähennest, sollten Sie die Hüte festhalten, denn hier weht ein frischer Wind. Allerdings bieten Glasscheiben einen gewissen Schutz.

Blue Reef Aquarium

Noch Lust auf die Unterwasserwelt? Im **Blue Reef Aquarium** [Clarence Esplanade, Southsea PO5 3PB, Tel. +44 (0)2392-87 52 22, www.bluereefaquarium.co.uk. Tägl. 10-18, Nov-März 10-17 Uhr. Erw. £ 9,75, Kinder (3-14 J.)

Die markante Form des Spinnakersegels gab dem Tower seinen Namen

Spielspaß bei Regenwetter

Im Norden von Portsmouth kann auch dann getobt und gespielt werden, wenn es draußen ungemütlich wird. Die **Playzone** *ist ein großer Indoorspielplatz mit mehreren Riesenrutschen, Kletterlabyrinth und Krabbelzone. Oak Park Estate, Northarbour Road, Portsmouth PO6 3TJ, Tel. +44 (0)2392-37 99 99, www.theplayzone.co.uk. Tägl. 10-19, außerhalb der Ferien Di/Do nur bis 16.30 Uhr. Erw. £ 1,25, Kinder (5-14 J.) £ 6,50, (bis 4 J.) £ 5,25.*

£ 7,50, Familien (4 Pers.) £ 32,50] tauchen Sie trockenen Fußes darin ein. Es gibt ein tropisches Riff, einen Unterwassertunnel, Haie, Rochen sowie Otter zu sehen. In unmittelbarer Nähe zu dem Aquarium befinden sich außerdem das **D-Day Museum** [Tel. +44 (0)23-92 82 72 61, www.ddaymuseum.co.uk. Tägl. 10-17 Uhr. Erw. £ 6,50, Kinder £ 4,50] und **Southsea Castle** [Tel. +44 (0)23-92 82 72 61, www.southseacastle. co.uk. April-Sep tägl. 10-17.30 Uhr], das Henry VIII. Mitte des 16. Jahrhunderts errichten ließ. Außerdem ist hier eine zweite Touristinformation ansässig.

Ganz schön exotisch – der Royal Pavilion

Nun geht es nach **Brighton**. Von Portsmouth aus fahren Sie mit dem Auto 80 Kilometer nach Osten, der Zug bringt Sie in 80 Minuten dorthin. Auch von anderen Orten ist die Stadt gut zu erreichen: Von West und Ost bringt Sie die A 27 in die Stadt, von Norden her die A 23. Der Bahnhof wird von London direkt angefahren (Victoria oder London Bridge Station, Dauer ca. 1 Std.). Am Bahnhof befindet sich am **Toy and Model Museum** [52-55 Trafalgar Street, Brighton BN1 4EB, Tel. +44 (0)1273-74 94 94, www.brightontoymuseum.co.uk. Di-Fr 10-17, Sa 11-17 Uhr. Erw. £ 4, Kinder (4-14 J.) £ 3, Familien £ 12] auch eine kleine Außenstelle der Touristinformation. Die Zentrale ist im hafennahen Royal Pavilion [Brighton Tourist Information,

Isle of Wight

Von Portsmouth fahren in der Saison stündlich Auto- und Personenfähren auf die **Isle of Wight***. Schöne Ziele auf der Insel sind Shanklin mit seinem Sandstrand und die Needles, Kalksteinnadeln, die bei Alum Bay im Westen aus dem Meer ragen und das Wahrzeichen der Insel sind. Im Süden befindet sich der Vergnügungspark Blackgang Chine. Im Zentrum der Insel liegt der Robin Hill Adventure Park. Animierte Dinos hat die Dinosaur Isle zu bieten (Sandown, Ostküste). Anfahrt: Katamaran nach Ryde oder Autofähre nach Fishbourne (www.wightlink.co.uk), Hovercraft nach Ryde (www.hovertravel.co.uk), Preise variieren, Ermäßigung bei zeitiger Onlinebuchung. Infos zur Insel: www.islandbreaks.co.uk.*

In dem exotischen Palast wohnte einst Englands Prinzregent

4-5 Pavilion Buildings, Brighton BN1 1EE, Tel. +44 (0)1273-29 03 37, www. visitbrighton.com. Tägl. 10-17 Uhr]. Und der **Royal Pavilion** ist auch das erste Ziel [Adresse wie oben. Tel. +44 (0)3000-29 09 00, www.brighton-hove-rpml.org.uk. Tägl. Okt-März 10-17.15, April-Sep 9.30-17.45 Uhr. Erw. £ 10, Kinder (bis 15 J.) £ 5,70, Familien (2 Erw. + 2 Kinder) £ 25,70]. Folgen Sie vom Bahnhof aus der Queen's Road Richtung Meer und biegen Sie links in die North Street ein (1 km). Der Palast des Prinz-regenten (siehe Kasten), wurde Anfang des 19. Jahrhunderts erbaut und bietet Überraschendes. Von außen gibt sich das Gebäude ganz indisch, während im Inneren alles im chinesischen Stil gestal-tet und eingerichtet wurde. Ganz schön exotisch! Kostenlose Audioguides sind auch auf Deutsch erhältlich, außerdem gibt es eine Tour in leichtem Englisch (Easy English) und eine speziell für Kinder, ebenfalls nur auf Englisch. Im Tearoom sind neben Sandwiches und Pies auch klassische Gerichte aus der Zeit von König George IV. zu genießen, etwa Spiced English Lamb.

Der Vergnügungspier

Über die East Street gehen Sie nun auf den Badestrand (siehe S. 29) zu und erblicken schon bald den berühmten **Brighton Pier** [Madeira Drive, Brighton BN2 1TW, Tel. +44 (0)1273-60 93 61, www.brightonpier.co.uk. Tägl. ab 10 Uhr. Eintritt frei, Fahrgeschäfte 2-5 Chips, 1 Chip (token) £ 1]. 1899 wurde er als Palace Pier errichtet und bietet seit-dem auf einer Länge von 500 Metern Vergnügungen aller Art. Neben einer Achterbahn und einer Wildwasserbahn gibt es weitere Attraktionen wie den Booster und eine Geisterbahn. Typisch

Prinzregent und Regency-Architektur

*Nachdem König George III. erkrankt war, führte sein Sohn George IV. die Amtsgeschäfte ab 1811 zunächst als Prinzre-gent. Nach dem Tod des Vaters regierte er dann von 1820 bis 1830 Großbritannien. Die Stilrichtung des **Regency** wurde nach der Prinzregentschaft be-nannt und wird zwischen 1783 und 1834 angesetzt. Merkmal war vor allem die Verwendung von Gusseisen, z. B. auch bei Balkonen, beliebt waren Verzierungen in Form von ägyptischen und chinesischen sowie Tiermotiven. Typische Regency-Architektur ist in den Lanes von Brighton zu sehen, dem Viertel zwischen Ship Street, North Street, East Street und Bartholomew Square.*

britisch mutet der Palace of Fun mit seinen unzähligen Spielautomaten an. Natürlich finden sich auf dem Pier auch Bars, Imbisse und Restaurants. Abends wird er wunderschön beleuchtet. Brighton besaß früher zwei Piers. Die kläglichen Überreste des West Piers stehen unter Denkmalschutz. Seit 1975 ist er geschlossen und verfällt zunehmend. Die Errichtung eines spektakulären Aussichtsturms namens i360 zieht sich seit Jahren hin, die Eröffnung ist inzwischen für 2013 geplant. Wie das Ganze einmal aussehen soll, zeigt die Homepage unter www.brightoni360.co.uk.

Den großen Fischen ganz nah

Vom Pier zurück an Land erblicken Sie rechts das **Sea Life Centre**. Das schöne viktorianische Gebäude stammt von 1872. Es beherbergt das älteste Aquarium der Welt, kann aber nichtsdestotrotz mit modernsten Attraktionen aufwarten. Ganz vorn steht dabei das Glasbodenboot, das neue Perspektiven eröffnet [Sea Life, Marine Parade, Brighton BN2 1TB, Tel. +44 (0)1273-60 42 34, www.visitsealife.com. Tägl. 10-18 Uhr. Erw. £ 16,20, Kinder (3-14 J.) £ 11,40, Familien £ 53,60, Online-Ermäßigung, Glasbodenboot £ 3]. Auch vom Unterwassertunnel lassen sich die Riesenschildkröten Lulu und Jersey sowie mehrere Haiarten beobachten. Seepferdchen, Rochen, Moränen und viele bunte Fische sind weitere Bewohner des Sea Life. Stündlich ab 10.30 Uhr können Sie bei einer der Fütterungen zuschauen.

Mit der Straßenbahn zur Marina

Direkt am Sea Life Centre ist eine Haltestelle der **Volk's Electric Railway** [volkselectricrailway.co.uk. Ostern-Okt tägl. ab 10.15 (Di/Fr 11.15) alle 15 Min. bis 17 (Sa/So 18) Uhr. Rückfahrticket halbe Strecke Erw. £ 2, ganze Strecke £ 3,10, Kinder (3-14 J.) £ 1,10/1,50, Familien (6 Pers.) £ 4,20/6,90]. Steigen Sie ein in die älteste elektrische Straßenbahn von Großbritannien und fahren Sie bis zum Peter Pan Playground (siehe S. 29f) oder bis zur Endhaltestelle Black Rock. Von dort aus gehen Sie in fünf Minuten zur Marina mit ihren Einkaufsläden, einem Kino und der Möglichkeit, eine **Bootstour** zu unternehmen [Ross Boat Trips, Pontoon 5, Brighton Marina, Brighton BN2 5UP, Tel. +44 (0)7958-24 64 14, www.watertours.co.uk. Erw. £ 8,50, Kinder (bis 11 J.) £ 6,50]. In der Marina oder in einem der Restaurants in den Lanes können Sie den Tag ausklingen lassen.

Tour 10: Ritterburg und Seebad-Charme in Süd-Sachsen

Bodiam Castle • Eastbourne • Beachy Head

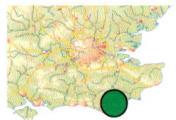

Wo: East Sussex – Wie: mit dem Auto – Dauer: Tagesausflug – Nicht vergessen: Navigationsgerät oder Straßenkarte

Diese Tour bringt Sie nach Süd-Sachsen – das bedeutet nämlich „Sussex" eigentlich. Die Grafschaft, in der die Ziele liegen, gehört zum östlichen Teil und heißt darum East Sussex. Auf einer Burgruine werden kühne Ritterträume wahr, anschließend geht es ab ans Meer und vielleicht noch in die Hügel der South Downs.

In die Ritterzeit

90 Kilometer südöstlich von London befindet sich **Bodiam Castle**, eine Burg wie aus dem Ritterbuch [nahe Robertsbridge TN32 5UA, Tel. +44 (0)1580-83 01 96, www.nationaltrust.org.uk. Tägl. 10.30-17 Uhr. Erw. £ 6,30, Kinder £ 3,15, Familien £ 16,70]. Erbaut wurde Bodiam Castle im Jahre 1385, um die Franzosen im Hundertjährigen Krieg abzuwehren. So besitzt die Burg einen breiten Wassergraben, vier massive Türme, Zinnen und ein Falltor. Im Torhaus sind auch die „murder holes" zu sehen: Löcher in der Decke, durch die die Burgbewohner heißes Pech oder Steine warfen, um

Regelmäßige Veranstaltungen schildern die Geschichte von Bodiam Castle

Mit dem Dotto entlang der Küste

Den ganzen Strand von Eastbourne entlang fährt eine **Bimmelbahn (dotto train)**, *sodass Sie bequem überallhin gelangen. Die Haltestellen sind: Holywell Retreat, Wish Tower, Pier, Fisherman's Green, Fort Fun, Sovereign Centre, Harbour. Betrieben wird die Bahn von Stagecoach: www.stagecoachbus.com. Ostern-Okt tägl. 10-17 Uhr stdl., Rückfahrt auch mit dem Bus möglich. Tagesticket Erw. £ 6, Kinder £ 3, Familien £ 15.*

Angreifer abzuwehren. Wer findet hier das Abzeichen von Sir Edward, dem Erbauer der Burg? Das Innere wurde zwar zum großen Teil im Englischen Bürgerkrieg im 17. Jahrhundert zerstört, doch das tut der Entdeckungsfreude keinen Abbruch. Über eine Wendeltreppe geht es nach oben, wo ferne Angreifer erspäht werden können. Auch das Fallgitter und die mittelalterliche Kochstelle sind zu sehen.

Zu den Highlights für Kinder gehören die regelmäßigen Veranstaltungen auf Bodiam Castle (www.nationaltrust.org.uk/bodiam-castle), darunter das große Mittelalter-Wochenende im August. An manchen Tagen kann man einen Greifvogel fliegen lassen, sich als Ritter und Prinzessin verkleiden oder auf Schatzsuche gehen. Erfrischungen und Snacks für eine Pause vom Ritterdasein sind in der Teestube erhältlich.

Auf nach Eastbourne

43 Kilometer Richtung Südwesten kommen Sie von Bodiam Castle über die A 259 nach **Eastbourne** [Tourist Office, Cornfield Road, Eastbourne BN21 4QA, Tel. +44 (0)871-663 00 31, www.visiteastbourne.com. Mo-Fr 9.15-17.30 (Nov-Feb bis 16.30), Sa 9.15-17 (März-Mai u. Okt bis 16, Nov-Feb bis 13), Juni-Sep auch So 10-13 Uhr]. Auf dem Weg liegt Hastings, mit Standseilbahn und langem Kiesstrand, das ebenfalls einen Besuch wert ist (siehe S. 28). Eine direkte Anreise von London nach Eastbourne kann bequem per Zug erfolgen (ab Victoria Station) oder mit dem Wagen über die A 22.

Seebad-Charme

Eastbourne ist eines der traditionellen Seebäder an der Südküste Englands. Hotels im viktorianischen Stil entlang der Strandpromenade und ein langer

Seebad-Charme versprühen Eastbournes Hotels im viktorianischen Stil

Pier sind Zeugen dieser Zeit. Der Ortsname leitet sich ab von dem Bourne, einem Bach. In Eastbourne soll außerdem ein klares Oxford-Englisch gesprochen werden, weshalb viele Sprachschüler gern den Ort als Ziel wählen. Aber auch die Angebote für Familien entlang der Küste sind vielfältig, mehrere Strände laden zu einem Sonnenbad und einem Sprung ins Wasser ein.

Unendlicher Strand

Insgesamt misst der Strand von Eastbourne sechs Kilometer. Er besteht sowohl aus Sand als auch aus Kies. Die Strandbereiche sind nach den Straßen benannt, unterhalb derer sie sich befinden: **Grand Parade Beach** liegt westlich vom Pier und wird von Rettungskräften überwacht [Strandbüro: Seafront Office, 6 Lower Parade, Grand Parade, Eastbourne BN21 3AD, Tel. +44 (0)1323-41 06 11, www.eastbourne.gov.uk. April 10-17, Mai-Sep 10-18 Uhr. Strandhütten: £ 20-25/Tag, £ 100-125/Woche]. In der Mitte des Strandabschnitts leuchtet

Eastbournes Promenade bietet Badespaß, Spielhallen und Musik

das blaue Dach des **Musikpavillons** in der Sonne. Er wurde 1935 erbaut und wird nach wie vor bei zahlreichen Veranstaltungen genutzt. Zwischen Mitte Juni und Anfang September gibt es mittwochs Konzerte mit Feuerwerk, fast täglich finden weitere Musikabende statt [www.eastbournebandstand.co.uk. Jeweils 20 Uhr. Sitzplätze Erw. £ 6-8,75, Kinder £ 4-4,75]. Östlich des Piers schließen sich die unbewachten Strände der Marine Parade und der Royal Parade an.

Verspiegelte Einsichten

Für Abwechslung im Strandleben sorgt der 304 Meter lange **Eastbourne Pier** [www.eastbournepier.com. Tägl. 9-18 Uhr]. Er wurde 1870 erbaut und beherbergt neben den typisch britischen Spielhallen und gastronomischen Einrichtungen eine Camera obscura [Juli/Aug tägl. 12-17 Uhr. Erw. £ 5]. Natürlich lässt sich hier auch ein Sonnenbad nehmen, ein herrlicher Blick auf den Strand eingeschlossen.

Schatzinsel

Etwa einen Kilometer östlich vom Pier warten auf der neu eröffneten Schatzinsel **Treasure Island** schon die Piraten. Hier lässt sich an 18 Löchern Piratengolf spielen, im Indoorspielplatz toben und draußen im Abenteuerland auf John Silvers Schiff klettern und rutschen [Royal Parade, Eastbourne BN22 7AA, Tel. +44 (0)1323-72 66 65, www.treasure-island.co.uk. Tägl. 9.30-18, Outdoor Juni-Sep 10-18 Uhr. Erw. £ 1, Kinder Outdoor £ 3,50, Indoor £ 4,50, Kombiticket In- und Outdoor £ 6]. Ein paar Meter weiter lassen sich Quadricycle ausleihen, Fahr-

Für kleine Indianer

*Abhilfe bei knurrendem Magen schafft das **Rumblebellys**, das nur wenige Meter vom Strand in Eastbourne entfernt zu finden ist. Burger und Steaks schmecken den Großen, das Menü für kleine Indianer den Kindern. Es kostet £ 4,95 und enthält neben Burgern, Nudeln oder Nuggets auch ein Getränk und ein Eis. 5-7 Seaside Road, Eastbourne BN21 3PR, Tel. +44 (0)1323-72 82 47, www.rumble bellys.co.uk. Mo-Fr ab 17, Sa/So ab 12 Uhr.*

räder für vier Personen [Ride & Joy, The Kiosk, Fisherman's Green, Royal Parade, Eastbourne BN22 7AA, Tel. +44 (0)7772-89 11 52, www.ride-n-joy.co.uk. Mai-Aug tägl. 10-18, April/Sep Di-So 11-16, Okt-Dez Sa/So 11-16 Uhr. £ 14-22/Std.].

Fort Fun

Rund 1.000 Meter weiter hat **Fort Fun** seinen Sitz. Zu dem Vergnügungspark gehören neben Karussells, Autoscootern und anderen Fahrgeschäften auch ein Minigolfplatz, ein Indoorspielplatz und der Wasserpark Aqua Splash [Royal Parade, Eastbourne BN22 7LQ, Tel. +44 (0)1323-64 28 33, www.fortfun. co.uk. Geöffnet in allen Ferien und an Wochenenden 11-18 Uhr, Rocky's Indoor-spielplatz ganzjährig tägl. 10-17 Uhr. Fahrgeschäfte Chips je £ 1, Indoorspiel-platz £ 4,90, Aqua Splash Erw. £ 4,99, Kinder £ 6,99, Minigolf Erw. £ 5, Kinder (bis 12 J.) £ 4, auch Kombitickets].

Beachy Head

Eastbourne ist das Tor zu den **South Downs**, einer hügeligen Kreideland-schaft westlich der Stadt. Äußerst spektakulär zeigt sich die Kreide an der Küste, wo sie Steilküsten von besonderer Schönheit geschaffen hat. Als Ausblicks-punkt sehr beliebt ist **Beachy Head**. Beachy Head ist eine Landspitze, deren Name sich auf das französische Wort beau für „schön" zurückführen lässt – einen Strand (beach) gibt es hier also nicht. Dafür ist Beachy Head mit 162 Metern der höchste Kreidefelsen Großbritanniens. 1902 wurde der rot-weiße Leuchtturm vor dem Kliff in Dienst gestellt, um die Schiffe im Ärmelkanal vor dem Felsen zu warnen.

Bei Treasure Island führt der Piraten-parcours von Schiff zu Schiff

Zu erreichen ist die Felsenspitze über die A 259 Richtung Seaford oder direkt über die Küstenstraße von Eastbourne (B 2103, 6 km). Das **Beachy Head Countryside Centre** informiert vor Ort über die Geschichte des Kaps und seiner Leuchttürme [Beachy Head Road, Beachy Head, Eastbourne BN20 7YA, www.beachyhead.org.uk. Jan-März Sa/So u. Ferien 11-15, April-Okt tägl. 10-16 Uhr. Eintritt frei]. Direkt am Parkplatz liegt der **Beachy Head Pub** [Tel. +44 (0)1323-72 80 60. Mo-Sa 12-23, So 12-22.30 Uhr]. Das Kindermenü für £ 6,95 beinhaltet zwei Gänge zur Wahl und einen Saft. Westlich schließen sich an Beachy Head die **Seven Sisters** an. Eigentlich besteht dieser Küstenabschnitt, der sich bis Seaford hinzieht, aus acht Kuppen und sieben Senken. Das ganze Gebiet liegt im Nationalpark South Downs, der erst im April 2011 seine Arbeit aufnahm (www.southdowns.gov.uk). Etwa sechs Kilometer weiter, im Dorf East Dean, warten Schäfchen auf einen Besuch.

Seit 1902 warnt der Leuchtturm Schiffe vor dem großen Kreidefelsen

Schafe und Lämmer

Das **Sheep Centre** ist eine Schaffarm, auf der mehr als 40 Rassen der wuscheligen Vierbeiner zu Hause sind [Seven Sisters Sheep Centre, Gilberts Drive, East Dean BN20 0AA, Tel. +44 (0)1323-42 33 02, www.sheepcentre.co.uk. Zur Lammzeit März-Mai und Schafschur Juli/Aug. tägl. 10.30-17 Uhr, sonst geschlossen. Erw £ 5, Kinder £ 4, Familien £ 17]. Kinder können von März bis Mai selbst beim Füttern der Lämmer helfen und im Sommer bei der Schafschur zusehen. Dann ist auch die Zeit der Käseherstellung. Schweine, Ziegen, Kaninchen und Hühner leben ebenfalls auf der Farm und eine Treckerfahrt kommt sowieso immer gut an. In der Teestube können Sie zum Abschluss echten Sussex Cream Tea probieren.

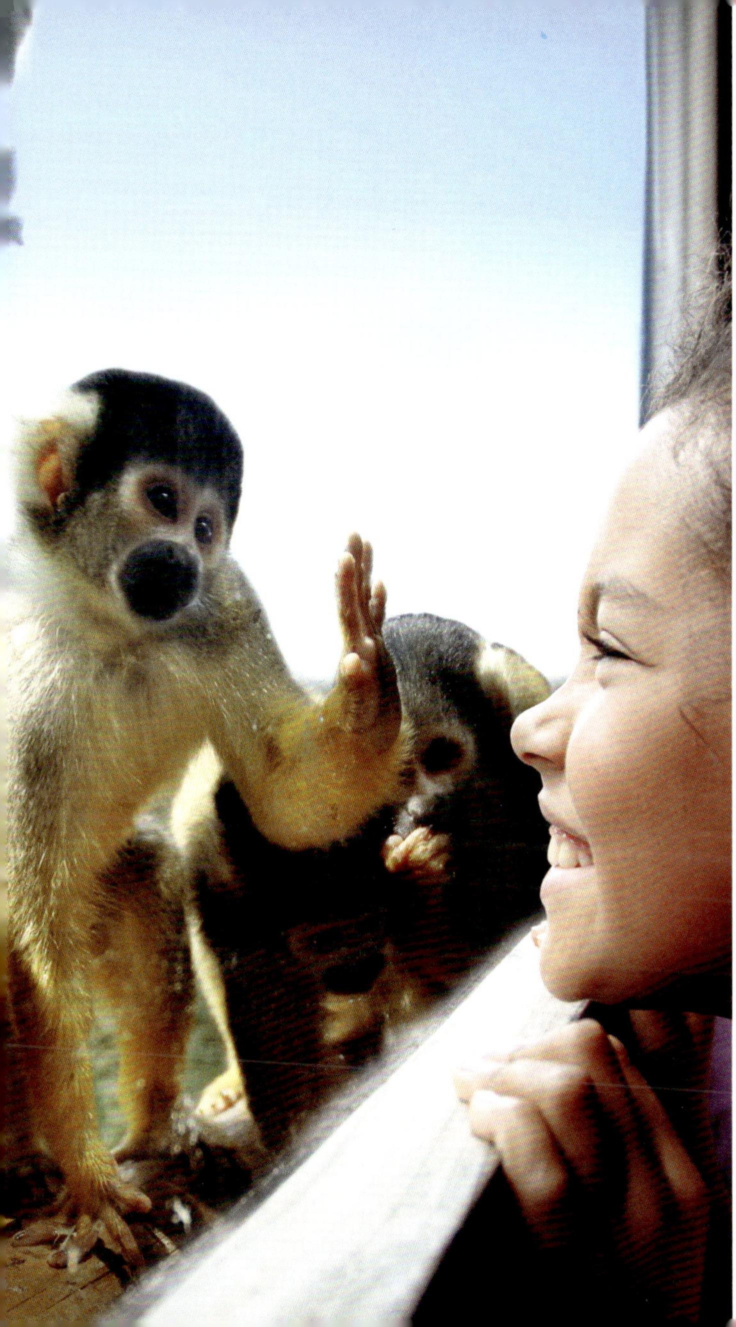

DIE TOLLSTEN ATTRAKTIONEN FÜR KINDER

New Forest

Schon William the Conqueror wusste den New Forest zu schätzen und bestimmte das knapp 300 Quadratmeter große Gebiet zwischen Bournemouth und Southampton zum königlichen Jagdrevier. Inzwischen wurde es größtenteils zum Nationalpark ernannt. Für Familien ist die Landschaft mit Laubwald, Heide und frei lebenden Ponys und Rindern ein besonderer Anziehungspunkt. Fährt man mit dem Auto, ist besondere Vorsicht geboten, denn es kann durchaus gerade ein Pony bedächtig die Straße überqueren oder eine Kuh wiederkäuend auf derselben liegen. Die New-Forest-Ponys sind sogar eine eigene Rasse.

In Lyndhurst mitten im New Forest und in Lymington im Süden helfen

Mit dem offenen Doppeldecker kommt man bequem durch den „Wald"

The Marine

*Südlich vom New Forest liegt Milford-on-Sea. Vom Frühstück über Lunch bis zum Cream Tea speisen Familien im **Marine** mit Blick aufs Meer und die Needles der Isle of Wight (siehe Kasten S. 75). Kinder wählen zwischen fünf Gerichten à £ 4,95. Als Nachtisch einen Apfelkuchen mit Clotted Cream? Hurst Road, Milford-on-Sea SO41 0PY, Tel. +44 (0)1590-64 43 69, www.themarinerestau rant.co.uk. Café und Bar Mo-Fr 10-16, Sa/So 9.30-17 Uhr.*

zwei Besucherzentren mit vielfältigen Informationen rund um das Gebiet weiter. Zwischen beiden Orten verläuft die Route eines offenen **Doppeldeckers** [www.thenewforesttour.info. Abfahrt z. B. von Lyndhurst Ende Juni-Mitte Sep stdl. 10-18 Uhr. Erw. £ 9, Kinder £ 4,50, Familien (5 Pers.) £ 22,50]. In Beaulieu lassen sich zudem im **National Motor Museum** viele tolle Oldtimer bewundern [www.nationalmotormuseum.org.uk. Tägl. Juni-Sep 10-18, Okt-Mai 10-17 Uhr. Erw. £ 20, Kinder (13-17 J.) £ 12, (5-12 J.) £ 9,95, Familien (5 Pers.) £ 52,50].

New Forest, Lyndhurst Visitor Information Centre, Main Car Park, Lyndhurst SO43 7NY, Tel. +44 (0)2380-28 22 69. Tägl. 10-17 Uhr.
Lymington Visitor Information Centre, New Street, Lymington SO41 9BH, Tel. +44 (0)1590-68 90 00. Mo-Sa 10-16, Juni-Sep bis 17 Uhr.

Paultons Park

Paultons Park ist ein Freizeitpark, der sich aus einem ehemaligen Country Park entwickelt hat. Einige Tiere wie Erdmännchen, Pinguine (Fütterung tägl. 12 und 13.30 Uhr), Emus und Wallabys sind bis heute heimisch im Park, doch vor allem die zahlreichen Fahrgeschäfte locken hier die Besucher an.

Eine ganz besondere Attraktion ist Edge, ein sogenannter Disk-O Coaster, bei dem die Mitfahrer auf einer runden Platte mit Blick nach außen sitzen. Das Ganze dreht sich und schaukelt über eine halbkreisförmige Schiene. Nichts für schwache Nerven sind auch die

Auf und ab und rundherum: Hier lässt sich schnell die Orientierung verlieren

Achterbahn Cobra und die Wasserbahn Raging River Ride. Aber jüngere Kinder finden ebenfalls eine Vielzahl an fahrbaren Untersätzen, etwa die Minibagger, Riesenkaninchen oder Trecker.

Neu eröffnet in 2011 wurde Peppa Pig's World. Peppa Pig ist eine in England bekannte Trickfigur aus dem Fernsehen. In ihrer Welt gibt es gleich sieben neue Fahrgeschäfte. Da kann man dann mit dem Ballon oder Hubschrauber fliegen, im Boot, Auto oder aber auf einem Dinosaurier fahren.

Paultons Park, Ower, Romsey, The New Forest SO51 6AL, Tel. +44 (0)2380-81 44 42, www.paultonspark. co.uk. April-Aug Mo-Fr 10.30-16.30, Sa/So/Ferien 10.30-17.30 Uhr, März Fr-Mo, Sep/Okt Do-Mo gleiche Zeiten. Ab 1 m Größe £ 21, Familien (4 Pers.) £ 80, Online-Ermäßigung. **Anfahrt:** *M 27, Ausfahrt 2. Der Park liegt etwa 15 km westlich von Southampton.*

Wer es etwas ruhiger mag, ist bei Peppa Pig gut aufgehoben

INTECH Science Centre & Planetarium

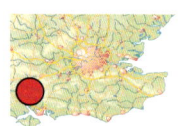

Selbst ausprobieren ist hier Trumpf: Im INTECH Science Centre bei Winchester gehen experimentierfreudige Kinder an 100 Stationen naturwissenschaftlichen und technischen Phänomenen auf den Grund. Wie funktioniert eigentlich ein Handy und was genau ist Radar? Wer landet den Airbus am Flugsimulator sicher in Heathrow? Schafft die Familie es, mit vereinten Kräften eine haltbare Brücke zu bauen? Neu eröffnet wurde 2012 die Sportzone, in der man nun am eigenen Leib erfahren kann, wie Muskeln arbeiten. Hier wird gerudert, ein Tor geschossen und die eigene Balance austariert. Wer sich schon immer mal als Sportreporter ausprobieren wollte, darf auch das gern tun.

Aber ein Highlight wartet ja noch: die Planetarium-Show. Unter der großen

König Artus Tafel

Winchester war einst die Hauptstadt Englands. Sie hat sich ihr mittelalterliches Ambiente nicht nur mit der sehenswerten Kathedrale bewahrt. In der Großen Halle, Überbleibsel einer Burg aus normannischer Zeit, befindet sich gar der Runde Tisch von **König Artus und seiner Tafelrunde**. Seit 1463 hängt er an der Wand. Auch wenn Artus nicht persönlich an ihm gesessen haben kann – der Tisch stammt aus dem 12. Jahrhundert – tut das der Faszination keinen Abbruch. Infos zu Winchester unter www.visitwinchester.co.uk.

Kuppel wird das Geheimnis der Papierrakete gelüftet, warten schwarze Löcher und kann ein Astronaut bei seiner Weltraumerkundung begleitet werden.

INTECH Science Centre & Planetarium, Telegraph Way, Morn Hill, Winchester, Hampshire SO21 1HZ, Tel. +44 (0)1962-86 37 91, www.intech-uk.com. Tägl. 10-16, im Sommer bis 17 Uhr, Show Mo-Fr 14, Sa/So/Ferien stdl. 10.40-15.30 Uhr. Erw. £ 9, Kinder (3-16 J.) £ 6,50, Familien (4 Pers.) £ 27,90, Show £ 2,20/Pers. **Anfahrt:** *M 3 (100 km südwestlich von London). Bahn: ab London Waterloo eine Stunde, Bus X64.*

Im Planetarium kann die Sonne ganz nah und gefahrlos bewundert werden

Woburn Safari Park

In England auf Safari gehen? Das ist möglich im Woburn Safari Park. Mit dem eigenen Wagen fahren Sie hier an Löwen, Elefanten, Nashörnern und Affen vorbei, als wären Sie mitten in Afrika. Mehr als 800 Tiere sind auf diese Weise in natürlicher Umgebung zu sehen. Zu Fuß geht es nach der Rundfahrt weiter zu Pinguinen, Wallabys und mehreren Affenarten. Zu den Fütterungszeiten lässt sich mehr über Nandus, Totenkopfäffchen, Raubvögel oder Lemuren erfahren. Und es gibt noch mehr: Im Indoorspielplatz Mammoth Play Ark können sich die Kinder genauso austoben wie auf dem Spielplatz an der frischen Luft. Für

Großbritannien oder Afrika?
Auf Safari im Süden Englands

Kinder unter fünf Jahren gibt es eine Hüpfburg und eine eigene Spielzone. Im Schwanentretboot geht es über den See und aus dem Woburn-Zug heraus lassen sich Kamele, Antilopen und Zebras gern beobachten. Kinder zwischen fünf und elf Jahren können außerdem im Treetops Action Trail den Park von oben anschauen (£ 4,99). Auf dem Gelände des Safariparks befindet sich auch ein Hochseilgarten von Go Ape! (siehe S. 90). Nach vorheriger Buchung können sich hier ältere Kinder (ab zehn Jahren) und Erwachsene, die Spaß am Klettern haben, in die Seile wagen.

Woburn Abbey

Woburn Abbey ist der Herrensitz des Herzogs von Bedford, dessen Park und Schloss besichtigt werden können. Für Kinder gibt es ein kostenloses Quizbuch. Die Gärten wurden von dem großen englischen Landschaftsarchitekten Humphrey Repton ab 1804 gestaltet. Im Wildpark lassen sich neben Rot- und Damwild seltene Arten wie der Davidshirsch beobachten. April-Sep tägl. Schloss 11-16, Park 10-18 Uhr. Erw. £ 13,50, Kinder (3-15 J.) £ 6,50, Familien (nur online) £ 29.

Woburn Safari Park, Woburn Park, Bedfordshire MK17 9QN, Tel. +44 (0)1525-29 04 07, www.woburn.co.uk. Mitte Feb-Anf. Nov tägl. 10-17 Uhr. Erw. £ 19,99, Kinder (3-15 J.) £ 14,99, Online-Ermäßigung.
Anfahrt: *Auto: M 1, Ausfahrt 13 (77 km nördlich von London).*

Whipsnade Zoo

Mit einer Größe von 2,4 Quadratkilometern ist der Whipsnade Zoo einer der größten Tierparks in Europa. Per Schmalspurbahn oder auch mit dem eigenen Wagen (£ 20) lässt sich das Gelände bequem erkunden. Das Wahrzeichen des Zoos ist ein riesiger weißer Löwe, der wie ähnliche Figuren in England direkt in den Untergrund geritzt wurde (siehe auch Kasten S. 98). Die meisten der insgesamt 200 Tierarten leben in großzügigen Gehegen, einige dürfen sogar frei herumlaufen, wie z. B. die Maras oder Wallabys. Zu den Lemuren hinein dürfen hingegen die Besucher. Beliebt bei Groß und Klein sind die Löwen, Nashörner, Lippenbären und Geparden. Während der täglichen Fütterungen und Shows lassen sich z. B. die Pinguine, Seelöwen oder Giraffen ganz aus der Nähe und in Action betrachten. Auf der Kinderfarm leben nicht nur Ziegen und Kühe, sondern auch Alpakas, Lamas und Esel. Europäische Wildtiere wie Luchs, Elch, Bär und Vielfraß haben in dem Bereich „Wild Wild Whipsnade" ihr Zuhause. Reptilien, Primaten und Insekten versammeln sich im Discovery Centre. Zu einer Pause lädt das Wild Bite Café ein, das auch jeweils eine Kinderportion von seinen Gerichten anbietet.

ZSL Whipsnade Zoo, Dunstable, Bedfordshire LU6 2LF, Tel. +44 (0)1582-87 21 71, www.zsl.org. Tägl. geöffnet, HS 10-18 Uhr. Erw. £ 20,50, Kinder (ab 3 J.) £ 15,50, Familien 10 % Ermäßigung.
Anfahrt: *M 1 (55 km nordwestlich von London). Bahn: ab London St. Pancras in 30 Min.*

200 Tierarten leben im Whipsnade Zoo, darunter natürlich auch das Königspaar

Legoland Windsor

Windsor liegt westlich von London und ist bekannt für sein Schloss (siehe Kasten). Bedeutend mehr Anziehungskraft für Kinder hat natürlich das nahe Legoland. Seit der Eröffnung 1996 wurde der Park jedes Jahr um neue Attraktionen erweitert. Aus den kleinen bunten Bausteinen wurden im Miniland berühmte Bauwerke nachgebaut, darunter das London Eye (siehe S. 34) und die Tower Bridge (siehe S. 36). Besonderer Clou sind die durch das Miniland fahrenden Autos, Busse

Im Legoland Windsor dreht sich alles um die kleinen bunten Bausteine

Königliche Residenz

Windsor Castle *wurde 1078 von William the Conqueror erbaut. Heute ist das Schloss eine der offiziellen Residenzen der Queen. Ist die Königin da, dann weht die königliche Fahne über dem Turm und die Staatsgemächer sind von der Besichtigung ausgeschlossen. Kinder lieben das Doll's House, ein riesiges detailreiches Puppenhaus. Windsor Castle, Windsor SL4 1NJ, Tel. +44 (0)20-77 66 73 04, www.royalcollection.org.uk. Tägl. März-Okt 9.45-16, Nov-Feb 9.45-15 Uhr. Erw. £ 17/ ohne Staatsgemächer £ 9,30, Kinder (5-16 J.) £ 10,20/6,20, Familien £ 44,75/25,25. Audioguide auf Deutsch.*

und Trucks. Einen Überblick verschaffen Sie sich am besten mit dem Hill Train. Mehr als 50 Fahrgeschäfte laden zu rasanten oder gemütlichen Touren ein. Sie können im Königreich der Pharaonen wandeln oder im Piratenschiff „Jolly Rocker" Ihre Seetüchtigkeit testen. Kleinere Besucher lieben es, mit dem Zug durchs Duploland zu fahren oder über den Märchenbach zu gleiten. Neu in 2012 sind die Atlantis-U-Boot-Reise und Star Wars im Miniland.

Legoland Windsor, Winkfield Road, Windsor SL4 4AY, Tel. +44 (0)871-222 20 01, www.legoland.co.uk. Tägl. April-Okt Kernzeit 10-17, Aug 9.30-20 Uhr, Nebensaison teils Di/Mi geschl. Erw. £ 41,40, Kinder (ab 3 J.) £ 31,20, Online-Ermäßigung. **Anfahrt:** *M 4, Ausfahrt 6, oder M 3, Ausfahrt 3. Zug: ab London Waterloo (1 Std.) oder Paddington (35 Min.).*

Go Ape! –
wie ein Affe in den Bäumen

„Go Ape!" betreibt mehrere Hochseilgärten in der näheren und weiteren Umgebung von London. Noch innerhalb der Stadtgrenzen, und darum gut mit der U-Bahn zu erreichen, ist der Kletterpark in Enfield (U Cockfosters) im Norden Londons. In Kent kann man bei Leeds Castle (siehe S. 65) und im Bedgebury Forest Höhenluft schnuppern.

Westlich der Hauptstadt befindet sich der Kletterwald des Black Forest. Hier warten 37 Stationen auf alle, die in die Luft gehen wollen. Das Mindestalter beträgt zehn Jahre (mindestens 1,40 m) und Kinder bis achtzehn Jahre müssen

Spaß im Schwarzen Wald

*Im Black Forest, dem Schwarzen Wald, können Sie nicht nur klettern. Go Ape! betreibt auch einen **Segway-** und einen **Fahrradverleih**. Um mit einem Segway fahren zu dürfen, müssen Kinder mindestens zehn Jahre alt sein und 45 Kilogramm wiegen. Die Kosten betragen £ 25 pro Person und Stunde. Fahrräder kosten für einen halben Tag £ 12 bzw. £ 8 für Kinder unter 1,50 Meter Größe. Mit beiden fahrbaren Untersätzen lässt sich der Wald wunderbar durchstreifen. Am Parksee befindet sich das San Remo Café, wo täglich zwischen 10 und 18 Uhr kalte und warme Mahlzeiten serviert werden. Außerdem gibt es dort einen Abenteuerspielplatz zum Austoben!*

Bei „Go Ape" kommen auch kleine Kletterer ganz hoch hinaus

von einem mitkletternden Erwachsenen begleitet werden. Nach Anlegen des Klettergurts und einer Sicherheitseinweisung kann es auch schon losgehen. Über Reifen, Netze und wacklige Balken suchen sich die „Affen" ihren Weg. Die 140 Meter lange Seilrutsche bietet besonders viel Spaß. Am höchsten Punkt beträgt die Entfernung zum Erdboden zehn Meter. Go Ape! empfiehlt eine vorherige Online-Reservierung.

Go Ape! Black Park, Black Park Road, Wexham SL3 6DS, Tel. +44 (0)845-643 92 15, www.goape.co.uk. April–Okt Do–Mo, Feb/März/Nov Sa/So ab 10, im Sommer ab 8 Uhr. Erw. £ 30, Kinder (ab 1,40 m Größe, 10-17 J.) £ 20.

Anfahrt: 37 km westlich von London, nördlich von Slough, M 4, Ausfahrt 5, auf A 4, dann A 412, Parkgebühr £ 3,50. Zug: von London Paddington bis Langley (Berkshire), von dort Taxi (ca. £ 8).

Thorpe Park

Spektakuläre Achterbahnen sind das Markenzeichen des Thorpe Park. Im Colossus warten gleich zehn Überschläge auf die mutigen Mitfahrer, im Stealth kann auf dem 63 Meter hohen Hügel sogar kurzzeitig die Schwerelosigkeit getestet werden. Auch viele der anderen Fahrgeschäfte erfordern gute Nerven, etwa der SAW-Ride, Vortex oder Slammer. Eine Mindestgröße von 1,40 Meter ist häufig erforderlich. Für jüngere Kinder sind weniger Attraktionen vorhanden, sodass der Besuch des Thorpe Park eher für Familien mit Kindern über zwölf Jahren zu empfehlen ist – die werden mit Sicherheit begeistert sein. In Vorbereitung auf Halloween kommen im Oktober alle, die sich gern gruseln, bei den Fright Nights auf ihre Kosten.

Hui! Spektakulär schüttelt der Colossus seine Passagiere durch

Thorpe Park, Staines Road, Chertsey KT16 8PN, www.thorpepark.com. Tägl. Mitte März-Anfang Nov Kernzeit 10-17, Sommerferien 10-19/20, Okt häufig 10-22 Uhr. Erw. £ 42, Kinder (ab 1 m Größe, bis 11 J.) £ 33,60, Familien (4 Pers.) £ 136,80, Online-Ermäßigung, Parkplatz £ 2.

Anfahrt: 40 km südwestlich von London. M 25, Ausfahrt 13, über A 30, A 308, A 320 (Richtung Chertsey). Zug von London Waterloo nach Staines (ca. 35 Min.), Shuttlebus (Linie 950) vom Bahnhof zum Park alle 15-20 Min., Rückfahrticket Erw. £ 3, Kinder (5-11 J.) £ 2.

Chessington World of Adventures

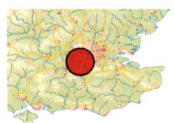

Die Abenteuerwelt von Chessington vereint Elemente eines Freizeitparks mit denen eines Zoos. Auch ein **Sea Life Aquarium** gehört dazu. Die Anlage ist vor allem für Familien mit Kindern bis zwölf Jahre interessant. Der Park ist in neun Themenbereiche unterteilt wie die Piratenbucht oder das Drachenland. Hier finden sich passende Fahrgeschäfte, z. B. der Seesturm oder die Achterbahn Dragon's Fury.

Die neueste Zoo-Attraktion ist das afrikanische Dorf Wanyama, wo u. a. Zebras und Säbelantilopen zu bewundern sind. Der „Trail of the Kings" zeigt Binturongs (Marderbären) und Fossas (Raubkatzen aus Madagaskar). In der Lori-Lagune dürfen Papageien gefüttert werden. Beliebt bei Kindern sind der Streichelzoo und Vorführungen, z. B bei den Pinguinen. Zu den Wasserwesen im Sea Life gehören Rochen und der Schwarzspitzen-Riffhai. Restaurants, Imbisse und Cafés sorgen für Verpflegung.

Chessington World of Adventures, Leatherhead Road, Greater London KT9 2NE, www.chessington.com. Tägl. Ende März-Okt 10-17, Aug bis 18 Uhr. Erw. £ 39,60, Kinder (ab 1 m Größe, bis 11 J.) £ 28,80, Familien (4 Pers.) £ 108, Online-Ermäßigung. Zoo-Tage (ohne Fahrgeschäfte): Jan-März Sa/So/Ferien 10-15 Uhr. Erw. £ 12, Kinder £ 7,80, Familien £ 31,20. Parkplatz £ 2.
***Anfahrt:** 25 km südwestlich von London. A 3 Richtung Hook, weiter über A 243. Von Nord und Süd über M 25, Ausfahrt 9 oder 10.*

Ich hab dich sooo gern: In Chessington könnten Kinder ewig bleiben

Königliche Botanische Gärten Kew

Was sehen Vögel, wenn sie auf einem Baum sitzen? Wie fühlt sich ein Dachs in seinem Bau und wie ein Insekt, das auf einer Blüte landet? In Kew lässt sich das alles am eigenen Leib ausprobieren! Die dort ansässigen Königlichen Gärten im Westen Londons sind nämlich viel mehr als nur eine Sammlung von Pflanzen. Sowohl Eltern als auch Kinder kommen hier auf ihre Kosten.

Zu den großen Attraktionen in Kew gehören die Gewächshäuser, in denen Palmen oder mediterrane Pflanzen üppig gedeihen. Um sie besser sehen zu können, führen umlaufende Wege in der Höhe durch das Palm House und durch das Temperate House, dem größten erhaltenen viktorianischen Gewächshaus

Gigantischer Spielspaß aus Sicht der Insekten

der Welt. Im dritten Gewächshaus, dem Princess of Wales Conservatory, wachsen Pflanzen aus zehn Klimazonen. Finden Sie die Wasseragamen (auf Englisch mit dem schönen Namen Water Dragon, Wasserdrache), die „lebenden Steine" (Lithops) und die Dracula-Orchidee? Einer der Höhepunkte (nicht nur) für Kinder ist der Baumkronenpfad. In 18 Metern Höhe führt er zwischen Linden, Eichen und Maronenbäumen hindurch und eröffnet wunderbare Blicke auf die Umgebung bis hin zu dem weit sichtbaren Bogen des 2007 neu erbauten Wembley Stadions.

Viel Spaß haben Kinder auch im begehbaren Dachsbau (Badger Sett), auf dem Spielplatz Treehouse Towers oder bei der Reise durch die Erdgeschichte im Evolution House. Climbers and Creepers ist ein Indoorspielplatz. Wie Insekten

---

Der Botanist

Nur einen Steinwurf von den Königlichen Gärten entfernt lässt es sich beim Botanisten gemütlich speisen. Vier Kindermenüs stehen zur Auswahl, die Kosten betragen £ 6,50. Eltern freuen sich auf ein frisch gebrautes Bier und die Botanistenplatte. **The Botanist on the Green***, 3-5 Kew Green, Richmond TW9 3AA, Tel. +44 (0)20-89 48 48 38, www.thebotanistkew.com. Mo-Do 12-23, Fr/Sa 12-0, So 12-22.30 Uhr.*

landen die Kinder hier auf übergroßen und interaktiven Pflanzenmodellen und lernen so, wie sich zum Beispiel Blumen ernähren und vermehren.

Bestimmte Bereiche des Gartens sind einzelnen Pflanzengruppen wie Rosen, Rhododendren, Bambus, Kräutern oder Seerosen gewidmet.

Sehenswert ist auch Kew Palace, der kleinste der königlichen Paläste. Wer ihn von innen besichtigen möchte, muss hier zusätzlich Eintritt zahlen (Erw. £ 5,30, Kinder (bis 16 J.) frei). Ebenfalls kostenpflichtig ist der Kew Explorer (Erw. £ 4, Kinder £ 1), ein Zug, der Sie durch die Gärten fährt. Sie können an jedem der Stopps aus- und wieder zusteigen. Vielleicht mögen Sie sich Ihren Weg mithilfe des Kinderführers „Kids' Kew" (£ 3,95) suchen? Mit älteren Kindern könnten Sie an einer der kostenlosen Führungen teilnehmen (tägl. 11, 12 und 13.30 Uhr, ab Victoria Gate).

Kew Botanical Gardens, Kew, Richmond TW9 3AB, Tel. +44 (0)20-83 32 56 55, www.kew.org. Tägl. April-Aug 9.30-18.30, Sep/Okt bis 18, Nov-Jan bis 16.15, Feb/März bis 17.30 Uhr. Erw. £ 13,90, Kinder (bis 16 J.) frei. **Anfahrt:** *U Kew Gardens, 5 Min. Fußweg.*

London Wetland Centre

Eine Oase der Natur und der Ruhe mitten in London ist das Wetland Centre, ein Feuchtgebiet am Ufer der Themse im Südwesten der Hauptstadt. Genau das Richtige, um für ein paar Stunden der Großstadthektik zu entfliehen! Hier wurden verschiedene Biotope geschaffen, in denen sich unzählige Arten von Vögeln, Fröschen, Fledermäusen und Libellen wohlfühlen. Von den Hochsitzen aus lassen sich rund 200 Vogelarten erspähen – so viele zumindest wurden hier schon gesichtet, darunter Rohrdommeln, Uferschwalben, Kiebitze und Pfeifenten. Der höchste Turm ist der dreistöckige Peacock Tower. Bekannt ist das Gebiet außerdem für seine Ostschermäuse (Water Vole), eine Wühlmausart, die sowohl im Wasser als auch an Land lebt.

Selbst Kinder, die Naturbeobachtungen weniger abgewinnen können, finden im Wetland Centre Raum zum Toben und Entdecken. Auf dem Abenteuerspielplatz

Im Wetland Centre sind vor allem Wasser liebende Tiere gut aufgehoben

Bramley's

*Das Wetter ist trüb und die Kinder brauchen trotzdem Bewegung? Dann ist **Bramley's Big Adventure** genau das Richtige. Der Indoorspielplatz besitzt ein riesiges Kletterlabyrinth mit Rutschen, Netzen und Schaukeln. 136 Bramley Road, London W10 6TJ, Tel. +44 (0)20-89 60 15 15, www.bramleysbig.co.uk. Mo-Fr 10-18, Sa/So 10-18.30 Uhr. Erw. £ 2, Kinder (ab 5 J.) £ 6, (2-4 J.) £ 4,75, (unter 2 J.) £ 3,50. U Latimer Road.*

und in den Ferien darf am Teich unter Anleitung gekeschert werden. Nicht verpassen sollten Sie die tägliche Vogelfütterung an den World Wetlands um 15 Uhr. Geführte Touren über das Gelände finden täglich um 11 und 14 Uhr statt und sind im Eintritt enthalten.

Sollte sich ein Regenschauer ankündigen, ist es Zeit, das Discovery Centre aufzusuchen. Hier lassen sich spielerisch die Feuchtgebiete der Erde erkunden, vom Torfmoor bis zum Korallenriff. In interaktiven Spielen können die Kinder z. B. herausfinden, wie man in einem Überschwemmungsgebiet Häuser bauen kann. Eine Pause mit Blick über die Seen lockt dann im Water's Edge Café.

können sie Seilbahn fahren, die Kletterwand erklimmen, Tunnel erkunden und sich an den Wasserspielen erfrischen. Spannend geht es auch am Teich zu (Pond Zone), wo mit einer Unterwasserkamera das Leben im feuchten Element direkt beobachtet werden kann. Vielleicht kommt ja sogar eine Wasserschlange vorbei … An Wochenenden

WWT London Wetland Centre, Queen Elizabeth's Walk, Barnes, London SW13 9WT, Tel. +44 (0)20-84 09 44 00, www.wwt.org.uk. Tägl. April-Okt 9.30-18, Nov-März 9.30-17 Uhr. Erw. £ 9,99, Kinder (4-16 J.) £ 5,55, Familien (4 Pers.) £ 27,82. **Anfahrt:** *U Hammersmith, dort Bus 283 ab Haltestelle K.*

Coram's Fields

Wunderbar für eine Pause geeignet ist Coram's Fields. Dieser Park im Londoner Stadtteil Camden ist schnell zu erreichen und lässt sich mit einem Besuch im nahen British Museum (siehe Kasten S. 8) verbinden. Coram's Fields ist dabei viel mehr als ein einfacher Park. Erwachsene haben hier nur Zutritt, wenn sie von einem Kind bis 16 Jahre begleitet werden. Es gibt zwei Spielplätze: Ein Abenteuerspielplatz lockt mit Geräten für alle Altersklassen und einer Seilbahn. Der 2009 eröffnete Naturspielplatz erinnert mit seinen Balken, Netzen und Seilen an ein Vogelhaus und bietet Kindern die Perspektive der flatternden Gesellen. Außerdem gibt es Rasenflächen zum freien Spielen,

Sandkästen, ein Planschbecken, ein Basketballfeld, Fußballplätze und einen Streichelzoo. Dort leben Schafe, Ziegen, Hühner, Enten, Kaninchen und Meerschweinchen.

Von März bis November ist das **Kipferl Café** geöffnet [93 Guildford Street, London WC1N 1DN, Tel. +44 (0)79-66 52 41 74, www.kipferl.co.uk. Tägl. 10-17 Uhr]. Hier lassen sich mit Blick auf das Spielgeschehen in Ruhe Wiener Kaffeespezialitäten, Sachertorte und vegetarische Sandwiches genießen.

Coram's Fields ist benannt nach Thomas Coram. Der Geschäftsmann setzte sich dafür ein, dass genau hier 1747 ein Waisenhaus für Findelkinder gegründet wurde. Das baufällige Gebäude musste 1920 abgerissen werden und 1936 wurde der gleichnamige Park für Kinder eingerichtet. Am Rande des Parks erinnert das **Foundling Museum** an diese Zeit [40 Brunswick Square, London WC1N 1AZ, Tel. +44 (0)20-78 41 36 00, www.foundlingmuseum.org.uk. Di-Sa 10-17, So 11-17 Uhr. Erw. £ 7,50, Kinder (bis 16 J.) frei]. Es erzählt die Geschichte des Waisenhauses, seines Gründers und seiner Unterstützer, der Maler William Hogarth und der Komponist Georg Friedrich Händel. Am Eingang sind kostenlose Kinder-Rallyes durch das Museum erhältlich.

Coram's Fields, 93 Guildford Street, London WC1N 1DN, Tel. +44 (0)20-78 37 61 38, www.coramsfields.org. Tägl. ab 9, Sommer bis 20 Uhr, Winter bis Dämmerung. Zutritt frei, aber nur mit Kindern (bis 16 J.) gestattet. **Anfahrt:** *U Russell Square.*

Pause im Brunswick Centre

Sowohl von Coram's Fields als auch vom British Museum oder King's Cross schnell zu erreichen, ist das Einkaufscenter **Brunswick Centre**. *Auch wenn Beton das Bild bestimmt, hier kann man eine Shopping- und Essenspause einlegen. Neben einer Filiale von Giraffe (siehe Kasten S. 39) gibt es hier auch einen Ableger von* **Carluccio's Café**, *einem italienischen Restaurant. Das Kindermenü für £ 6,50 enthält Grissini, ein Hauptgericht (z. B. Lasagne oder Hühnerbrust), ein Eis und ein Getränk. Carluccio's, 1 The Brunswick, London WC1N 1AF, Tel. +44 (0)20-78 33 41 00, www.carluccios.com. Mo-Fr 7.30-23.30, Sa 9-23.30, So 9-22.30 Uhr. Brunswick Centre: www.brunswick.co.uk.*

Zutritt nur für Familien! Hier können die Kleinen ganz ausgelassen toben

London Duck Tours

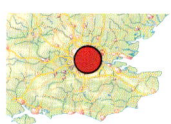

Sightseeing per Bus oder doch lieber eine Schiffstour auf der Themse? Mit Duck Tours brauchen Sie sich nicht zu entscheiden, denn hier gibt es beides zusammen und Sie müssen nicht einmal das Gefährt wechseln. Die Fahrt findet nämlich in einem Amphibienfahrzeug statt. „Duck" ist der Spitzname der verwendeten Gefährte. Diese heißen offiziell DUKW und wurden im Zweiten Weltkrieg von den Alliierten verwendet, um am D-Day (6. Juni 1944) in der Normandie zu landen. Sie wurden umgebaut und erfüllen nun sämtliche Sicherheitsanforderungen zu Land und zu Wasser.

Die Tour dauert rund 75 Minuten und führt zunächst an den großen Sehenswürdigkeiten wie Big Ben, Westminster Abbey, Buckingham Palace und Trafalgar Square vorbei. Livekommentare (auf Englisch) geben spannende und ungewöhnliche Einsichten. Besonders aufregend ist natürlich der „Splash" in den Fluss. Über eine Slipanlage geht es direkt ins Wasser. 30 Minuten können Sie nun die Bootstour genießen, mit einem ganz neuen Blick auf die Stadt. Sie sehen z. B. Lambeth Palace, die Vauxhall Bridge, Tate Britain oder den Millbank Tower. Am MI6, dem britischen Geheimdienst, geht es wieder an Land. Die klassischen Besichtigungstouren finden täglich statt. Wer sich besonders für die Geschichte des Zweiten Weltkriegs interessiert, kann am ersten Sonntag im Monat an der D-Day Duck Tour

Multielementare Erkundungstour mit dem Amphibienfahrzeug

teilnehmen. James-Bond-Fans kommen dagegen am dritten Sonntag im Monat gegen einen geringen Aufpreis (£ 2) auf ihre Kosten.

London Duck Tours, Büro: 55 York Road, London SE1 7NJ, Tel. +44 (0)20-79 28 31 32, www.londonduck tours.co.uk. Tägl. 9-17.30 Uhr. Start der Touren: Chicheley Street, London SE1 7PY. Sa/So/Ferien ab 9.30, Feb/März nur Mo-Fr, sonst tägl. ab 10 Uhr bis Dämmerung (April-Sep bis 18 Uhr), Abfahrt alle 15 bis 30 Min. Erw. £ 21, Kinder (13-17 J.) £ 16, (bis 12 J.) £ 14, Familien (2 Erw.+ 2 Kinder (bis 12 J.)) £ 62. Vorausbuchung empfohlen.
***Anfahrt:** U Waterloo.*

Drusillas Park

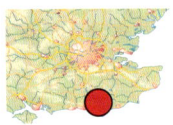

13 Kilometer nordwestlich von Eastbourne liegt Drusillas Park. Der kleine Zoo ist auf Familien mit Kindern bis zehn Jahre ausgerichtet. Zu den Bewohnern gehören Stachelschweine, Otter, Krokodile und Totenkopfäffchen (siehe Foto S. 83). Im Lemurland warten hautnahe Begegnungen mit Kattas. Auf dem Spielplatz toben sich die unter 6-Jährigen bei „Go Bananas" aus, die Älteren rutschen und klettern in „Go Wild". Bei weniger freundlichem Wetter kann die Bewegungsfreude im Indoorspielplatz Amazon Adventure befreit werden. Wie wäre es mit einer Zoo-Olympiade gegen die tierischen Bewohner? Kinder können

Der Lange Mann

*Von Drusillas Park kommend, lässt sich an der Straße zwischen Cuckmere Valley und Wilmington der **Lange Mann** bewundern. Diese Figur wurde vermutlich schon in der Eisenzeit in den Boden geritzt, ob als Fruchtbarkeitssymbol, Kriegerdenkmal oder Ähnliches ist leider bis heute nicht bekannt. Das 70 Meter lange Bild zeigt die Umrisse eines Mannes, der in jeder Hand einen Stab hält. Es war lange Zeit zugewachsen und wurde 1874 wieder freigelegt.*

sich mit Vierbeinern messen und ihre Rekorde in ein Heft eintragen, das sie am Eingang erhalten: Wer hängt länger an der Stange, wer springt weiter, wer rennt schneller? Bei einer Fahrt mit dem Thomas-&-Friends-Zug – auch in Deutschland aus dem TV bekannt – geht es mitten durch die Lamawiese. Spannend wird es im interaktiven Labyrinth Eden's Eye, wo eine römische Statue oder ein freundlicher Buddha helfen, den richtigen Weg zu finden.

Drusillas Park, Alfriston Road, Alfriston BN26 5QS, Tel. +44 (0)1323-87 41 00, www.drusillas.co.uk. Tägl. 10-16, im Sommer bis 17 Uhr. Die Preise sind abhängig von Saison und Gruppengröße: Hauptsaison Familie (4 Pers.) £ 62.
Anfahrt: *A 23, zwischen Brighton und Eastbourne.*

Nach dem Zoobesuch geht es bei „Go Bananas" richtig rund

Hop Farm Family Park

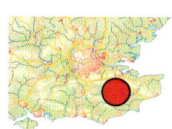

Einst wurde auf der Hop Farm Hopfen angebaut. In den Oast Houses wurde er traditionell getrocknet, indem ein Ofen Hitze erzeugte, die über den ausgebreiteten Hopfen oben in einer Art Haube wieder entweichen konnte.

Aus der ehemaligen Hopfenfarm wurde ein wahres Kinderparadies. Da gibt es eine Piratenbucht, wo ein Schatz gesucht und nach Gold geschürft werden darf. In der Kinderfahrschule können Ihre Kleinen den Linksverkehr proben, während in der Magischen Fabrik Zaubereien auf Entdeckung warten. Im Mini-Riesenrad werden schnell einige Runden gedreht, ehe Hüpfkissen und Spielplatz erobert

Die Oast Houses sind nur im Südosten Englands zu finden

werden. Sogar ein Wachsfigurenkabinett und Bungeetrampoline gibt es.

An die alten Zeiten erinnern nicht nur die hübschen Häuschen, sondern auch die Shire-Pferde, die als Kutschpferde gezüchtet und vor den Bierwagen eingespannt wurden. Wer Lust hat auf eine Fahrt – bitte einsteigen! Weitere Farmbewohner sind Lamas, Rentiere und Kaninchen. Täglich um 12 und 16 Uhr dürfen sie gestreichelt werden. Kinder bis etwa zehn Jahre finden hier unzählige Beschäftigungsmöglichkeiten.

The Hop Farm, Maidstone Road, Paddock Wood TN12 6PY, Tel. +44 (0)1622-87 20 68, www.thehopfarm. co.uk. April-Sep tägl. 10-17 Uhr, März/Okt nur Sa/So/Ferien. Erw. £ 14,95, Kinder (3-15 J.) £ 12,95, Familien (4 Pers.) £ 44,95, Ermäßigungen in der Nebensaison und online.
Anfahrt: *65 km südöstlich von London. M 20, Ausfahrt 4, A 228. Bahn: ab London Charing Cross nach Paddock Wood, dort Taxi (£ 4).*

Leben in Kent

*Wer sich für das historische Leben in Kent interessiert, kann dem Freilichtmuseum **Kent Life** einen Besuch abstatten. Kinder dürfen Lämmer füttern (April/ Mai), Esel reiten oder auf dem Trecker mitfahren. Außerdem gibt es Rattenrennen, eine Hüpfburg, Quads und Spielplätze. Lock Lane, Sandling, Maidstone ME14 3AU, Tel. +44 (0)1622-76 39 36, www.kentlife. org.uk. April-Okt Mo-Fr 10-17, Sa/So/Ferien 10-18, Nov-März 10-16 Uhr. Erw. £ 8,95, Kinder (4-15 J.) £ 6,50.*

Yesterday's World

Vom 18. Jahrhundert bis in die 1970er-Jahre führt die Zeitreise in Yesterday's World – die Welt von gestern. Straßenszenen und Läden bringen Besucher direkt in das viktorianische Zeitalter, selbst Geräusche und Gerüche lassen die Vergangenheit aufleben. Eine High Street verwandelt sich von 1950 bis 1970, und wie man im Zweiten Weltkrieg lebte, bleibt ebenfalls nicht ausgespart. Vielleicht eine Pause in Nippys Teestube, ehe es zur Audienz bei Königin Victoria geht? Die Ausstellung mit persönlichen Gegenständen aus königlichem Besitz zeigt die Liebe der Engländer zu ihrer Monarchie. Viele interaktive Displays fordern zum selbstständigen Erkunden auf. Ein Einkauf in Mrs. Bumbles Süßigkeitenladen von anno dazumal macht allen Naschkatzen Spaß – zumal manch englische Sweets ganz anders sind als das, was deutsche

Battle
Battle – zu Deutsch Schlacht – ist benannt nach dem Kampf, der meist als Battle of Hastings bezeichnet wird, tatsächlich aber hier, zehn Kilometer nördlich, stattfand. William the Conqueror besiegte die Sachsen und ließ zur Erinnerung eine Abtei erbauen. Im Besucherzentrum gibt es interaktive Stationen für Kinder, draußen einen Spielplatz. High Street, Battle TN33 0AD, Tel. +44 (0)1424-77 57 05. Tägl. April-Sep 10-18, sonst 10-16 Uhr. Erw. £ 7,50, Kinder £ 4,50, Familien £ 19,50. Weitere Infos: www.english-heritage.org.uk.

Zungen kennen. Der große Garten, der ebenfalls zu Yesterday's World gehört, erfreut nicht nur die Großen mit seiner wunderschönen Aussicht auf die Landschaft, sondern auch die Kids, denn ein historisches Spieldorf und ein Spielplatz sorgen bei ihnen für großes Vergnügen.

Yesterday's World, 89-90 High Street, Battle TN33 0AQ, Tel. +44 (0)1424-77 72 26, www.yesterdaysworld.co.uk. Tägl. April-Okt 10-17.30, Nov-24. Dez 10-16.30, Jan-März 10-16 Uhr. Erw. £ 7,25, Kinder (ab 3 J.) £ 5,25, Familien (4 Pers.) £ 21.
Anfahrt: *von Norden A 21, von Westen A 27 und A 271.*

Von einem Jahrzehnt ins nächste: Zeitreise in Yesterday's World

Fakten von A bis Z

Anreise

... mit dem Flugzeug

Die schnellste Anreise nach London ist die mit dem Flugzeug. Die Flugdauer beträgt ein bis zwei Stunden. Alle großen Flughäfen in Deutschland steuern einen der Flughäfen Londons an. Mit Lufthansa landet man meist in Heathrow. Mit der U-Bahn kommen Sie von hier ins Zentrum. Bei Germanwings, airberlin und easyJet zahlen Familien mit zwei Kindern für Hin- und Rückflug etwa € 300. Noch billiger wird es mit Ryanair (etwa € 180, www.ryanair. com). Diese Linien landen gewöhnlich in Stansted, 45 Kilometer nördlich von London. Von allen Flughäfen verkehrt regelmäßig der EasyBus ins Londoner Zentrum. Zwar dauert die Fahrt etwas länger als mit dem Expresszug (z. B. Stanstedexpress, www.stanstedexpress. com, Rückfahrticket £ 31,50, Kinder £ 15,75), aber die Preise sind unschlagbar (Einzelfahrt £ 8-10/Pers.). Bei rechtzeitiger Onlinebuchung können Sie mit dieser Linie schon ab £ 2 fahren (www. easybus.co.uk).

... mit der Bahn

Von Brüssel und Paris aus fährt der Eurostar in zwei bzw. drei Stunden durch den Eurotunnel nach London St. Pancras. Infos unter www.eurostar. com. Buchungen erfolgen vom Heimatbahnhof zunächst in eine der beiden Städte. Dort steigen Sie um in den Eurostar. Ab 2013 wird es möglich sein, direkt von Köln oder Frankfurt mit dem ICE

Das internationale Zugterminal von St. Pancras empfängt auch den Eurostar

On Tour

British Tours *hat interessante Ausflüge für Familien im Angebot. Die Preise liegen im oberen Preissegment und richten sich nach der Anzahl der Teilnehmer. Die Touren werden sowohl innerhalb der Hauptstadt als auch von London bis Bath, Stonehenge, Cambridge oder Oxford angeboten. Ebenfalls im Programm ist eine Harry-Potter-Tour, die nach Oxford führt. British Tours, Linen Hall, 162-168 Regent Street, London W1B 5TE, Tel. +44 (0)20-70 38 06 87, www.britishtours.com. Touren: 4 Pers. (5 Std.) £ 580, (10 Std. inkl. Gloucester) £ 680. Sie können sich auch nach eigenen Wünschen eine Tour zusammenstellen.*

nach London zu reisen. Mit dem London-Spezial-Ticket der Deutschen Bahn kommen Sie bei frühzeitiger Buchung für € 49 pro Person in die Hauptstadt.

... mit dem Bus

Von vielen großen Städten Deutschlands fahren Busse von EuroLines bis zur Victoria Station in London. Die Fahrten erfolgen über Nacht. Ein Rückfahrticket kostet z. B. von Düsseldorf € 138, Kinder und Jugendliche erhalten Ermäßigungen. Infos unter www.touring.de.

... mit dem Auto

Wer mit dem Auto auf die Insel reist, hat die Wahl zwischen Fähre und Tunnel.

Die kürzeste Fährverbindung ist zwischen Calais und Dover (www.poferries.de oder www.seafrance.de). Möchten Sie weiter westlich landen, bieten sich Fahrten mit LD Lines (www.ldlines.de) zwischen Oostende und Ramsgate oder Le Havre und Portsmouth an. Weitere Infos und Buchungsmöglichkeit unter www.directferries.de. Preisvergleiche und Angebotssuche lohnen sich. Tickets für den Autotransport durch den Tunnel sind über www.eurotunnel.com erhältlich. Der Zug fährt mehrmals stündlich zwischen Calais und Folkestone und benötigt 35 Minuten für die Unterquerung des Ärmelkanals. Mit dem Auto fahren Sie direkt in den Zug hinein und bleiben beim Auto im Waggon. Die Verladeterminals haben direkten Anschluss an die Autobahn.

Auskunft

Das **Britische Fremdenverkehrsbüro** [Dorotheenstr. 54, 10117 Berlin, www.visitbritain.de] stellt auf seiner Internetseite umfangreiche Informationen über Reisen nach Großbritannien zur Verfügung. Der Onlineshop hat Eintrittskarten, Bücher und Travelcards im Angebot. Für Familien interessant sind auch www.visitengland.de sowie www.visitlondon.com/de mit einer ausführlichen Liste von Attraktionen für Kinder und vielen Tipps für den Familienurlaub. Vor Ort erhalten Sie in London umfassende Auskünfte im **Britain & London Visitor Centre** [1 Lower Regent Street, am Piccadilly Circus. Mo 9.30-18.30, Di-Fr 9-18.30, Sa/So 10-16, Juni-Sep auch Sa/So 10-17 Uhr]. Alle größeren Städte besitzen eine Touristinformation, die Ihnen gern bei der Orientierung hilft.

Autovermietung

Alle internationalen Autovermietungen besitzen Büros in und um London. Vorabbuchungen erhalten häufig günstigere Konditionen. Kindersitze sind auch in Großbritannien Pflicht und müssen mitgeordert werden. Es gibt Babysitze (baby seats), Kindersitze (child seats, max. bis 18 kg) und Sitzerhöhungen (booster seats, bis 12 J. und 135 cm Größe). Hilfreiche Links: www.carrentals.co.uk, www.121carhire.com, www.sixxt.co.uk und www.avis.co.uk.

Babysitter

Vor allem in London, aber auch in zahlreichen anderen Städten in Südengland vermitteln Agenturen Babysitter. Die Kosten betragen etwa £ 6-9 je Stunde. Landesweit tätig sind www.findababysitter.com und www.sitters.co.uk (Tel. 0800-389 00 38, von Deutschland aus +44 (0)1202-71 39 11). Hier benötigen Sie den Post Code Ihrer Unterkunft, um nach einem Babysitter in der Nähe zu suchen. Das gilt auch für die Londoner Agentur London Rate (www.londonrate.com/london-babysitter.htm).

Camping

Campingplatzurlaub ist bei Engländern sehr beliebt und so gibt es in England auch eine große Anzahl an Caravan und Camping Sites. Häufig gehören mietbare Wohnwagen und Blockhäuser zum Angebot. Die Plätze besitzen meist einen Indoor- und/oder Outdoorpool, Spielplätze und andere Freizeitmöglichkeiten. Adressen finden Sie z. B. unter www.camp-sites.co.uk und www.ukparks.com. Hier eine Auswahl an empfehlenswerten und kinderfreundlichen Plätzen:

Warden Springs Holiday Park, Thorn Hill Road, Eastchurch, Isle Of Sheppey, Kent ME12 4HF, Tel. +44 (0)844-210 20 13, www.park-resorts.com. Ostküste, 40 km östlich von London, Insel ist über Brücke erreichbar. Stellplatz inkl. Reisende £ 13.

Homing Park, Church Lane, Seasalter, Whitstable, Kent CT5 4BU, Tel. +44 (0)1227-77 17 77, www.homingpark.co.uk. Südosten, nördlich von Canterbury. Stellplatz 4 Pers. HS £ 27.

New Beach Holiday Park, Hythe Road, Dymchurch, Kent TN29 0JX, Tel. +44 (0)845-815 97 75, www.parkholidaysuk.com. Südküste, Nähe Folkestone. Stellplatz 2 Pers. HS £ 18-31, Kind £ 4.

Broadhembury Holiday Park, Steeds Lane, Kingsnorth, Ashford, Kent TN26 1NQ, Tel. +44 (0)1233-62 08 59, www.broadhembury.co.uk. 90 km südöstlich von London. Familär, Spielplatz, Sportfeld. Stellplatz 2 Pers. HS £ 24, Kind £ 3,50.

Camber Sands Holiday Park, New Lydd Road, Camber, Rye, East Sussex TN31 7RT, Tel. +44 (0)8716-64 97 19, www.park-resorts.com. Zwischen Hastings und Folkestone. Strandnähe, beheizte Indoorpools, Abenteuerspielplatz, Kinderclub. Stellplatz inkl. Reisende HS £ 19.

Lakeside Holiday Park, Vinnetrow Road, Chichester, West Sussex PO20 1QH, Tel. +44 (0)1243-78 77 15, www.parkholidaysuk.com. Südküste, 50 km westlich von Brighton. Outdoorpool, Fischteiche, Kinderclub. Stellplatz 2 Pers. HS £ 19-26, Kind £ 4.

Long Acres Caravan & Camping Park, Newchapel Road, Lingfield,

Bei dem Ausblick ist es nicht verwunderlich, dass Camping in England beliebt ist

Surrey RH7 6LE, Tel. +44 (0)1342-83 32 05, *www.longacrescamping.co.uk.* 40 km südlich von London. Stellplatz 2 Pers. £ 13-16, Kind £ 3.

Crystal Palace Parade, Crystal Palace, London SE19 1UF, Tel. +44 (0)20-87 78 71 55, *www.caravanclub. co.uk.* Südlondon, direkter Bus (Linie 3) von Piccadilly und Oxford Circus. HS Erw. £ 7,80, Kinder £ 3,25, Stellplatz £ 9,80.

The Elms Caravan and Camping Park, Lippitts Hill, High Beach, Loughton IG10 4AW, Tel. +44 (0)20-85 02 56 52, *www.theelmscampsite. co.uk.* Nördliches Einzugsgebiet von London, Nähe Epping Forest. Stellplatz 2 Pers. £ 20,50, Kind £ 4.

Ermäßigungen

Staatliche Museen sind kostenlos, doch viele der beliebtesten Attraktionen und Parks verlangen hohen Eintritt. Preis-reduzierte Familienkarten sind dafür fast überall verfügbar.

Sparen lässt sich auch mit verschiedenen Pässen. In London bietet der **London Pass** freien Eintritt zu 55 Sehenswürdig-keiten, wahlweise für einen, zwei, drei oder sechs Tage. Erwachsene zahlen z. B. für drei Tage £ 74, Kinder (5-15 J.) £ 51. Im Internet ist der Pass auch inklusive Travelcard zu kaufen (siehe S. 111). Infos unter www.londonpass.com.

Für Südengland hilfreich ist der **English Heritage Overseas Visitor Pass** (www. english-heritage.org.uk). Er gewährt frei-en Eintritt zu 100 Sehenswürdigkeiten in England, darunter Stonehenge, die Ausstellung „Battle of Hastings" und Dover Castle. Der Familienpass (2 Erw. + 4 Kinder (bis 21 J.)) kostet für sieben Tage £ 48, für 14 Tage £ 56. Alle Pässe können vorab über www.visitbritain direct.com bezogen werden, sind aber auch vor Ort erhältlich.

Fahrradverleih

In allen größeren Orten Südenglands und natürlich auch in London lassen sich Fahrräder mieten. Die Kosten betragen £ 10-25 je Tag. In Regionalzügen ist die Mitnahme von Fahrrädern kostenlos, in Schnellzügen sind £ 3 zu zahlen.

Mit Kindern ab 14 Jahren ist das Angebot von **Barclays Cycle Hire** in London besonders interessant. Über das ganze Stadtzentrum sind Stationen verteilt, an denen Fahrräder ausgeliehen werden können. Dazu ist vor Ort eine Kreditkarte nötig, dann können bis zu vier Räder geliehen werden. Für den Zugang bezahlen Sie je Rad £ 1 für 24 Stunden, £ 5 für sieben Tage. Die erste halbe Stunde der Benutzung ist kostenlos! Für die nächste halbe Stunde wird £ 1 je Rad berechnet, danach wird es stets teurer. Da die Stationen aber alle 400 Meter zu finden sind, ist es leicht, das Rad rechtzeitig wieder anzuschließen. Wer längere Fahrten plant, kommt bei anderen Anbietern allerdings günstiger davon. Infos zu Barclays Cycle Hire auf www.tfl.gov.uk.

Mit den Rädern von Barclays lässt sich London im Nu erobern

Feiertage

New Year's Day: 1. Januar
Good Friday: Freitag vor Ostersonntag
Easter Monday: Tag nach Ostersonntag
Early May Bank Holiday: 1. Montag im Mai
Spring Bank Holiday: letzter Montag im Mai
Nationalfeiertag: 2. Samstag im Juni (Her Majesty The Queen's Official Birthday)
Summer Bank Holiday: letzter Montag im August
Christmas Day: 25. Dezember
Boxing Day: 26. Dezember

Weitere Fahrradverleiher und wo Sie zusätzliche Infos finden:

The London Bicycle Tour Company, 1a Gabriel's Wharf, 56 Upper Ground, London SE1 9PP, Tel. +44 (0)20-79 28 68 38, www.londonbicycle.com. Südufer der Themse. Verleih: 1 Tag £ 20, Woche £ 50, auch Kinderräder. Radtouren im Angebot, auch auf Deutsch. Verleih tägl. 10-18 Uhr.

Go Pedal, www.gopedal.co.uk. Bringt die Räder zu einem gewünschten Ort und holt sie wieder ab. Auch Kindersitze und Anhänger (trailer), Preise gestaffelt, bei 4 Rädern für 1 Tag kostet jedes Rad £ 22.

London Cycling Campaign, www. lcc.org.uk. Viele Tipps zum Radeln in London, Fahrradverleih-Geschäfte werden auf einer Karte angezeigt. Fahrradverleih in Südengland: www.touristnetuk.com.

Fahrradhelme sind entweder inklusive oder kosten etwa £ 1 pro Helm.

Ferien

Es gibt in Großbritannien keine landesweite Regelung der Schulferien. Üblicherweise beginnen die Sommerferien in England im Juli und dauern fünf bis acht Wochen. Ende Oktober ist eine Woche schulfrei (Halbzeit des Herbst-Trimesters, „half term break"). Die Weihnachtsferien beginnen einige Tage vor Weihnachten und enden Anfang Januar. Zur Halbzeit des Frühlingstrimesters (Mitte Februar) haben die Schulkinder noch einmal eine Woche frei, im April gibt es drei Wochen Osterferien, Ende Mai/Anfang Juni noch einmal eine Woche zur Halbzeit. Das gesamte Schuljahr wird in Großbritannien in die Trimester Autumn Term (Sep-Dez), Spring Term (Jan-Ostern) und Summer Term (Ostern-Juli) eingeteilt.

Fundbüro

Bei verlorenen Gegenständen hilft das **Lost Property Office**. In London hat es seinen Sitz in der Baker Street [200 Baker Street, London NW1 5RZ, Tel. +44 (0)845-330 98 82. Mo-Fr 9.30-16 Uhr].

Medien

Die Vielfalt an englischen Tageszeitungen ist riesig. Man unterscheidet seriöse Zeitungen (broadsheets) wie die Times oder den Daily Telegraph von den „tabloids", der Boulevardpresse, z. B. Sun oder Mirror. Deutsche Tageszeitungen und Zeitschriften sind in London und den größeren Städten Südenglands erhältlich. Informationen zu allen Events in der Hauptstadt bietet u. a. das Time-Out-Magazin.

Medizinische Versorgung

Besucher aus EU-Staaten werden über den National Health Service (NHS)

Klimatabelle (London)

	Jan	Feb	März	Apr	Mai	Juni	Juli	Aug	Sep	Okt	Nov	Dez
Wassertemperaturen (in °C)	9	9	9	9	11	13	15	16	15	14	12	11
Lufttemperaturen/Tag/Nacht (in °C)	7 2	8 3	10 4	13 6	17 9	20 12	22 14	22 13	19 11	15 9	10 5	8 4
Sonnenschein (in Std.) täglich	2	2	4	6	7	7	7	6	5	3	2	1
Niederschlag (Tage/Monat)	11	9	8	8	8	8	9	9	9	9	10	9

Telefon und Post

Die **Ländervorwahl** für England ist 0044, danach folgt die Vorwahl der Stadt ohne Null. Londons Vorwahl lautet 020. Wer von England nach Deutschland telefonieren will, wählt die 0049 vorweg. Die nächstgelegene **Post** finden Sie unter www.postoffice.co.uk. Eine Hauptpost in London ist in der Nähe von Trafalgar Square. 24 William IV Street, London WC2N 4DL, Tel. +44 (0)20-74 84 93 07. Mo-Sa 8-17.30 Uhr.

kostenlos behandelt. Infos unter www.nhs.uk, direkte Hilfe unter www.nhs direct.nhs.uk, auch telefonische Beratung (24-Std.-Service) unter +44 (0)845-46 47. Wenn Sie einen Allgemeinarzt suchen, fragen Sie nach einem GP (general practitioner), Kinderärzte heißen „paediatricians". Krankenhäuser mit Notfallaufnahmen (A&E, Accident & Emergency Service) sind z. B.:

University College Hospital, 235 Euston Road, London NW1 2BU, Tel. +44 (0)845-155 50 00. U Euston Square oder Warren Street. 24-Std.-Service, eigene Kinder-Notaufnahme.

St. Thomas Hospital, Westminster Bridge Road (Westminster), London SE1 7EH, Tel. +44 (0)20-71 88 71 88. U Westminster. 24-Std.-Service, angeschlossene Kinderklinik.

Royal London Hospital, Whitechapel Road (City of London), London E1 1BB, Tel. +44 (0)20-73 77 70 00. U Whitechapel. 24-Std.-Service,

angeschlossene Kinderklinik. Walk-in-Center ohne Termin: Mo-Fr 7-22, Sa/So 9-22 Uhr.

Kent and Canterbury Hospital, Ethelbert Road, Canterbury CT1 3NG, Tel. +44 (0)1227-76 68 77. Eigene Kinderstation und Kindernotfallaufnahme.

Notrufe

Der Notruf 999 gilt für Polizei, Feuerwehr und Krankenwagen zugleich. Der in vielen anderen europäischen Ländern gültige Notruf 112 wird in Großbritannien auf die 999 umgeleitet und kann ebenfalls genutzt werden.

Lesetipps für Kids

Zur Vorbereitung auf eine Reise nach London und Südengland bieten sich eine Reihe von **Büchern** an. Immer noch eines der schönsten, auch zum Vorlesen, ist „Millie in London" von Dagmar Chidolue. Jungs und Mädchen ab zwölf sind vielleicht zu begeistern für Wolfram Hänels „Lost in London", das teilweise in Englisch verfasst ist. Klassiker sind die Paddington-Bär-Bände von Michael Bond und natürlich „Peter Pan" von James M. Barrie. Mit Übersetzung durch Mama oder Papa lassen sich Kinder im Vorschulalter gern von „Katie in London" durch die Hauptstadt geleiten. Ebenfalls nur auf Englisch gibt es die „London Children's Map" mit tollen Stickern.

Öffnungszeiten

Geschäfte sind meist von Montag bis Samstag zwischen 9.30 und 17.30 Uhr geöffnet, Kaufhäuser auch bis 20 Uhr. In größeren Städten öffnen die Läden an Hauptgeschäftsstraßen häufig auch sonntags zwischen 10.30 und 16 Uhr.

Strom

Die Netzspannung beträgt 240 Volt. Für viele Elektrogeräte wird ein Steckdosenadapter benötigt.

Unterkünfte

In London & Umgebung stehen zahllose Hotels und Bed & Breakfasts zur Auswahl. Im ländlichen Raum finden sich auch viele Ferienparks (siehe S. 104). Eine Auswahl familienfreundlicher Unterkünfte:

Bed & Breakfasts gibt es viele. Aber sind sie auch familienfreundlich?

Hampstead Guest House, *2 Kemplay Road, Hampstead, London NW3 1SY, Tel. +44 (0)20-74 35 86 79, info@hampsteadguesthouse.com, www.hampsteadguesthouse.com. U Hampstead. Bed & Breakfast im Norden Londons, familiär, ruhig. Familien £ 150-175/Nacht.*

Garden Court Hotel, *30/31 Kensington Gardens Square, London W2 4BG, Tel. +44 (0)20-72 29 25 53, info@gardencourthotel.co.uk, www.gardencourthotel.co.uk. U Bayswater. Familienzimmer (4 Pers.) £ 150/Nacht.*

Rushmore Hotel, *11 Trebovir Road, Kensington, London SW5 9LS, Tel. +44 (0)20-73 70 38 39, reservations@london.com, www.rushmore-hotel.co.uk. U Earls Court. Kinderbetten, auch Drei- und Vierbettzimmer. Familien ab £ 115/Nacht.*

B&B Belgravia, *64-66 Ebury Street, Belgravia, London SW1W 9QD, Tel. +44 (0)20-72 59 85 70, info@bb-belgravia.com, www.bb-belgravia.com. U Victoria. Auch Familienzimmer (£ 155-165/Nacht m. Frühstück).*

Travelodge London Waterloo, *195-203 Waterloo Road, London SE1 UX8, Tel. +44 (0)871-984 62 91, www.travelodge.co.uk, U Waterloo. Familienzimmer HS £ 89,95/Nacht.*

New Steine Hotel, *10-11 New Steine, Brighton, East Sussex BN2 1PB, Tel. +44 (0)1273-68 15 46, reservation@newsteinehotel.com, www.newsteine hotel.com. DZ £ 115/Nacht m. Frühstück.*

Premier Inn Dover Central *(auch in London), Marine Court, Marine Parade, Dover CT16 1LW, Tel. +44 (0)871-527 83 06, www.premierinn.co.uk. Familienzimmer ab £ 44/Nacht.*

Verkehrsmittel

Auto

Der Linksverkehr macht mit einem kontinentalen Auto eventuell beim Überholen Probleme. Hilfreich ist ein Beifahrer, der hier die bessere Sicht hat. In einen Kreisel fährt man nach links hinein. Die Höchstgeschwindigkeit beträgt innerorts 30 mph (= miles per hour, 48 km/h), auf Landstraßen 60 mph (96 km/h), auf Autobahnen 70 mph (112 km/h). Autobahnen werden mit einem M für Motorway bezeichnet, gut ausgebaute Landstraßen mit einem A. Rund um London führt der Autobahnring M 25, der sich wiederum in alle Richtungen verzweigt. Autofahren in London selbst ist nicht zu empfehlen. Wer dennoch mit dem eigenen Auto in die Stadt hinein möchte, muss mit vollen Straßen rechnen. Innerhalb der City wird bei Fahrten montags bis freitags zwischen 7 und 18 Uhr die Congestion Charge fällig, eine „Verstopfungsgebühr". Wenn Sie sich online registrieren unter www.cclondon.com zahlen Sie pro Tag £ 9 (AutoPay). Die

Bezahlung ist auch noch nachträglich bis Mitternacht des nächsten Tages möglich (£ 12). Die Gebühr kann an Automaten, in Shops, an Tankstellen oder per SMS bezahlt werden. Auf der Internetseite kann außerdem eine deutsche Informationsbroschüre heruntergeladen werden. Infos zum Verkehr in London, auch auf Deutsch, unter www.tfl.gov.uk.

Bahn

Es gibt mehrere Bahnbetriebe, z. B. First Great Western (www.firstgreatwestern.co.uk), die von London (Paddington Station) nach Canterbury oder Oxford fahren. South West Trains (www.southwesttrains.co.uk) steuern von London Waterloo z. B. Bournemouth an. Eine gute Übersicht bietet www.nationalrail.co.uk. Kinder bis vier Jahre fahren kostenlos, zwischen fünf und 15 Jahren zum halben Preis. Wer frühzeitig bucht, spart Geld. Online gekaufte Tickets können vor Ort an Self Service Ticket Machines ausgedruckt werden.
Für alle, die viel mit dem Zug fahren möchten, lohnt sich einer der **BritRail-Pässe**, erhältlich unter www.visitbritainshop.com. Die Preise richten sich nach Reichweite und Dauer. BritRail London plus gilt für London und den Südosten und ist erhältlich für zwei, vier oder sieben Tage. Der 2-Tage-Pass kostet in der 2. Klasse (Standard) € 79, für Kinder (5-15 J.) € 39. Er ist gültig an zwei innerhalb von acht Tagen. Den BritRail England Pass – gültig in ganz England – gibt es für aufeinanderfolgende Tage oder als „Flexible" für mehrere Tage innerhalb eines größeren Zeitraums. Ein Kind reist frei mit, weitere Kinder bis 15 Jahre zahlen die Hälfte, Kinder unter

Das U-Bahn-Netz erstreckt sich durch ganz London und ist farblich codiert

Einmal Taxi bitte!

*Taxifahren finden Kinder cool – und in London allemal! Die **Black Cabs** werden einfach per Handzeichen angehalten. Leuchtet das Schild, ist das Taxi frei. Natürlich können Sie auch an einem Taxistand einsteigen. Die Gebühr wird per Taxameter gemessen, abends und an Wochenenden ist es etwas teurer. Das Minimum beträgt £ 2,40. Eine zehnminütige Fahrt kostet etwa £ 7 bis £ 11.*

fünf Jahren sind frei. Die Pässe gibt es nur für Personen, die nicht in Großbritannien wohnen.

Bus und U-Bahn

National Express (www.nationalexpress.com) betreibt ein dichtes Netz an Fernbussen, die „coach" genannt werden. Die etwa dreieinhalbstündige Fahrt nach Brighton z. B. kostet für Erwachsene hin und zurück etwa £ 12. Kinder reisen für je £ 6 mit.

Eng gestrickt ist das öffentliche Verkehrsnetz in London. Schnelles Vorwärtskommen garantiert die U-Bahn (tube). Bei einer Busfahrt kann hingegen so manche Sehenswürdigkeit schon betrachtet werden. Die Bahnen verkehren zwischen 5 Uhr (sonntags 7.30 Uhr) und spätestens 0.30 Uhr. Die einfache Fahrt mit der U-Bahn kostet £ 4. Eine einfache Bustour schlägt mit £ 2 zu Buche. Busfahrkarten müssen vorab am Automaten gekauft werden. Die Anschaffung einer **Travelcard** lohnt sich

schon bei nur zwei Fahrten. Sie gilt für Bus, U-Bahn und die Docklands Light Railway (DLR). Es gibt sechs Tarifzonen, außerdem wird unterschieden nach Peak-Tickets (jederzeit gültig) und „off peak" (Mo-Fr erst nach 9.30 Uhr). Eine Tages-Travelcard für die Zonen 1-2 kostet £ 7 (off peak) oder £ 8,40 (peak), Kinder (11-15 J.) zahlen £ 3,20 bzw. 4,20. Außerdem sind 7-Tage-Travelcards erhältlich (Zone 1-2 Erw. £ 29,20, Kinder (11-15 J.) £ 14,60). Statt Tageskarten lohnt sich meist der Kauf einer **Oyster Card**. Diese Prepaidkarten sind mit einem bestimmten Betrag aufgeladen. Es wird automatisch der günstigste Preis ermittelt, z. B. kostet die Einzelfahrt in Zone 1 statt £ 4,30 nur £ 2. Außerdem ist der Gesamtpreis eines Tages nie höher als eine Tageskarte gewesen wäre (daily price capping). Die Oyster Card ist online erhältlich unter www.tfl.gov.uk, aber auch in vielen Ticketbüros in London. Dort kann sie auch neu aufgeladen werden (top up). Bis zu vier Kinder unter zehn Jahren fahren in Begleitung eines Erwachsenen kostenlos. Kinder zwischen elf und 15 Jahren erhalten in der U-Bahn den Kinderpreis, im Bus fahren sie weiterhin umsonst.

Zeit

Es gilt die Westeuropäische Zeit, gern auch noch Greenwich Mean Time (GMT) genannt. Die Uhr zeigt in England eine Stunde weniger an als auf dem Kontinent, wo die MEZ gilt.

Engländer geben Uhrzeiten mit „a. m." (vor 12 Uhr mittags) und „p. m." (nach 12 Uhr mittags) an. Öffnungszeiten „10 a. m.-8 p. m." bedeuten also 10-20 Uhr.

Einkaufen & Mitbringsel

London gilt als wahres Einkaufsparadies: Es gibt wohl kaum etwas, das dort nicht zu erstehen wäre. Wer stöbern möchte, findet Ausgefallenes aller Art und in allen Preislagen. Außerhalb der Hauptstadt lohnt der Blick in kleine Läden. Kreative Mitbringsel erfreuen Freunde und Verwandte, Kulinarisches lässt den Urlaub später noch einmal aufleben.

Typisch englisch

Zahlreiche Souvenirs lassen sich leicht als typisch britisch identifizieren, wenn sie das Bild eines Mitglieds der königlichen Familie tragen oder ein Bobby darauf abgebildet ist. Magnete, Stifte, oder Schlüsselanhänger sind hübsche Andenken, die auch Kinder von ihrem Taschengeld finanzieren können. Noch lange an den Aufenthalt erinnern originelle Tassen und T-Shirts mit Aufdruck.

Museumsshops

Eine Fundgrube sind Museumsshops. Geradezu Königliches gibt es in Windsor Castle (siehe Kasten S. 89) oder dem Buckingham Palace (siehe S. 42). Ein Union-Jack-Kissen mit Aufschrift „God save the Queen" oder hübsch verpackte royale Seife gehören hier zum Angebot. Ein schönes Andenken ist eine Spardose in Form einer roten Telefonzelle. Auch große Kirchen wie St. Paul's (siehe S. 42) besitzen einen Museumsladen. Neben Tassen, Büchern und allerlei Schnickschnack erhalten Sie hier weihnachtliche Dekoartikel. Wie wäre es mit einem englischen Guardsman als Anhänger für den Weihnachtsbaum?

Londons Einkaufsmeilen

Die bekannteste Shoppingadresse ist die Oxford Street (U Bond Street oder

Die königliche Familie ist in England an jeder Ecke anzutreffen

Oxford Circus). Im Kaufhaus Selfridges (Nr. 400) können Sie Ihre Familie neu einkleiden. Am Oxford Circus wird die Regent Street gekreuzt. Folgen Sie dieser nach Süden, kommen Sie zu Hamleys (siehe Kasten S. 114). Parallel zur Regent Street verläuft die Carnaby Road, Synonym für das Swinging London der 1960er-Jahre. Heute gibt es hier bekannte Modeketten.

Kulinarisches

Teetrinkern zu Hause macht man immer eine Freude mit englischem Tee. Earl Grey und andere Sorten werden oft in hübschen Boxen verkauft. Kekse, Weingummi und Marmelade kommen ebenfalls gut an. Lemon Curd schmeckt lecker auf Brot, kann aber auch als Keksfüllung verwendet werden. Eine typisch englische Süßigkeit ist das aus Karamell hergestellte Fudge. Nicht nur Delikatessengeschäfte, sondern auch ganz normale Supermärkte lassen sich für den Einkauf nutzen. Gut zum Stöbern sind die Wochenmärkte in kleineren Orten. Aber auch der Londoner Borough Market (siehe unten) hat Delikatessen zu bieten.

Märkte

London besitzt mit dem **Borough Market** [Borough High Street, London SE1 1TL, Tel. +44 (0)20-74 07 10 02, www.boroughmarket.org.uk. Do 11-17, Fr 12-18, Sa 8-17 Uhr. U London Bridge] einen besonderen Lebensmittelmarkt. Die Stände mit köstlichem Gebäck, wunderbaren Käsesorten, buntem Obst und Gemüse stehen unter der London Bridge nahe der Southwark Cathedral. Verkäufer aus der ganzen Welt finden Sie im dazugehörigen Jubilee Market.

Sweets

Nicht nur Kindern läuft hier das Wasser im Mund zusammen. Bei **Cybercandy** *gibt es Süßigkeiten aller Art und aus der ganzen Welt zu erstehen. Probieren Sie doch einmal die amerikanischen Hostess Twinkies, japanische Yan-Yan-Schokolade, finnische Lakritz oder englische Wonka Nerds. 3 Garrick Street, Covent Garden, London WC2E 9BF, Tel. +44 (0)845-838 09 58. So-Fr 11-20, Sa 10.30-20 Uhr. U Leicester Square.*

Wunderbar stöbern lässt sich im Londoner Stadtteil Camden Town auf dem Camden Market, der eigentlich aus fünf Märkten besteht. Zu empfehlen ist vor allem der **Camden Lock Market** [54-56 Camden Lock Place, Chalk Farm Road, London NW1 8AF, Tel. +44 (0)20-74 85 79 63, www.camdenlockmarket. com. Tägl. 10-18 Uhr. U Camden Town], dessen Zugang am Camden Lock Place nördlich der Regent Canal liegt. Neben Kunsthandwerk werden auch Bücher, Schmuck und Lebensmittel angeboten. Der **Portobello Road Market** [Portobello Road, London W11 1AN, Tel. +44 (0)20-77 27 76 84, www.friendsofportobello. com. Sa 8-17 Uhr. U Ladbroke Grove] in Notting Hill öffnet samstags. Auf dem Flohmarkt finden Sie Secondhandkleidung und Antiquitäten.

Kaufhäuser

Das bekannteste Kaufhaus in London ist Harrods (siehe S. 40), das 1834 von

Charles Harrod gegründet wurde. Der ehemalige Hoflieferant gehört inzwischen einem Investor aus Katar. Fast nebenan ist bei Harvey Nichols ebenfalls ein vielfältiges Sortiment zu finden. Weitere Einkaufstempel in London sind neben Selfridges u. a. Liberty (200-210 Regent Street) sowie Fortnum & Mason (181 Piccadilly) mit seinen erlesenen Lebensmitteln und luxuriösen Artikeln.

Bücher
Das Stöbern in englischen Buchläden ist eine wahre Wonne. Bilderbücher für die Kleinen führen spielerisch an die englische Sprache heran. Antiquariate sind ebenfalls eine Fundgrube. In der Charing Cross Road in London reiht sich eine Buchhandlung an die andere.

Für Kinder
Neben Harrods (siehe S. 40) und Hamleys (siehe Kasten) gibt es in London auch **Benjamin Pollock's Toyshop** [44 The Market, Covent Garden, London

Der erste Markt in Covent Garden fand schon 1654 statt

> ### Spielzeug-Kaufhaus
> *Ein ganzes Kaufhaus voll mit Spielzeug – das ist **Hamleys**. Auf sieben Etagen gibt es alles, was das Kinderherz begehrt. Auf jedem Stockwerk darf gespielt werden oder wird etwas vorgeführt. Schauen Sie auch einmal ins Treppenhaus, das immer wieder neu dekoriert wird, z. B im Narnia-Stil. 188-196 Regent Street, London W1B 5BT, Tel. +44 (0)871-704 19 77, www.hamleys.com. Mo-Mi u. Sa 10-20, Do/Fr 10-21, So 12-18 Uhr. U Oxford Circus.*

WC2E 8RF, Tel. +44 (0)20-73 79 78 66, www.pollocks-coventgarden.co.uk. Mo-Sa 10.30-18, So 12-16 Uhr. U Covent Garden]. Der altmodische Laden befindet sich im Covent Garden Market und ist bekannt für seine hübschen Papiertheater (toy theatres). Nicht weit von hier bietet **Davenports Magic** allerlei Zauberartikel. Der Laden befindet sich in den U-Bahn-Arkaden der Charing Cross Station [Tel. +44 (0)20-78 36 04 08, www.davenportsmagic.co.uk. Mo-Fr 9.30-17.30, Sa 10.30-16.30 Uhr. U Charing Cross]. Viele Mädchen werden bei **Mystical Fairies** in Freudentränen ausbrechen, denn der Laden ist ein Traum in Pink. Alles, was irgendwie mit Feen zu tun hat, ist hier käuflich zu erwerben [12 Flask Walk, London NW3 1 HE, Tel. +44 (0)20-74 31 18 88, www.mystical fairies.co.uk. Mo-Sa 10-18, So 11-18 Uhr. U Hampstead].

Feste & Veranstaltungen

Januar

New Year's Day Parade

Am Neujahrstag um 12 Uhr beginnt die dreistündige Parade an der Ecke Piccadilly/Berkeley Street. Musikkapellen, tanzende Drachen und Clowns ziehen fröhlich zum Big Ben. Wer nicht stehen möchte, kann Tribünenkarten kaufen. Diese sind ab Oktober erhältlich. Infos: www.londonparade.co.uk.

Februar

Great Spitalfields Pancake Day Race

Im Osten von London startet alljährlich am Fastnachtsdienstag um 12.30 Uhr ein kurioses Rennen. Teams aus vier Personen in Kostümierung rennen für den guten Zweck – mit Pfanne und Pfannkuchen. Infos: www.alternativearts.co.uk.

Chinese New Year

Auf dem Trafalgar Square, dem Leicester Square und in Chinatown wird im Februar das chinesische Neujahrsfest gefeiert. Chinesische Drachen, Feuerwerk, Tänzer und Künstler sind zu sehen. Eintritt frei. Infos: www.londonchinatown.org.

März

St. Patrick's Day Parade

Am Sonntag nach dem 17. März gedenkt man auch in London des irischen Nationalheiligen St. Patrick. Eine Parade mit Festwagen, Clowns und Stelzenläufern verläuft vom Green Park (Piccadilly) zum Trafalgar Square, wo ein großes Festival stattfindet. Für Kinder gibt es dort ein eigenes Programm in der Children's Culture Corner. Infos: www.london.gov.uk.

Den Geburtstag der Queen feiert das Land mit einem Nationalfeiertag

Oxford & Cambridge Boat Race

Seit 1829 kämpfen die Universitätsstädte in einer Ruderregatta auf der Themse um den Sieg im Boat Race. Es findet am letzten Samstag im März oder am ersten Samstag im April im Südwesten Londons statt. Gute Sicht haben Sie am Start (U Putney Bridge) und am Ziel (U Kew Gardens). Infos: www.theboatrace.org.

April

Queen's Birthday

Der Geburtstag von Königin Elizabeth II. am 21. April wird mit Salutschüssen im Hyde Park (um 12 Uhr) und im Tower (um 13 Uhr) begangen. Nationalfeiertag zu diesem Anlass ist der zweite Samstag im Juni. Infos: www.royal.gov.uk.

Mai

Rochester Sweeps Festival

Am Wochenende um den 1. Mai steigt in Rochester (Kent) das Sweeps Festival. In der High Street wird eine bunte Parade mit Morris Dance abgehalten, ein traditioneller englischer Volkstanz. Für Kinder gibt es Aktivitäten im Burggarten. Infos: www.whatsonmedway.co.uk.

Covent Garden May Fayre

Im Garten der Londoner St. Paul's Church (Bedford Street) werden am nächsten Sonntag zum 9. Mai Puppenspiele zu Ehren des ersten bekundeten Auftritts von Mr. Punch aufgeführt (siehe Kasten unten). Infos: www.alternativearts.co.uk.

Juni

Dickens Festival

Musik, Tanz und Straßentheater im viktorianischen Gewand bietet das Dickens Festival Anfang Juni in Rochester (Kent). Auch mit Kinderprogramm. Ein zweites Fest gibt es zu Weihnachten. Infos: www.rochesterdickensfestival.org.uk.

Trooping the Colour

Am zweiten Samstag im Juni wird zu Ehren des Geburtstags der Queen eine

> ### Kasperle auf Englisch
> *Die englische Punch & Judy Show entspricht dem deutschen Kasperletheater mit Kasper und Gretel. Der Puppenspieler wird auch „Professor" genannt, außerhalb des Kasperletheaters steht der „Bottler", der die Handpuppen vorstellt und Musik macht. Am 9. Mai 1662 wurde in Covent Garden erstmals eine Show mit „Mr. Punch" abgehalten.*

> ### Salut
> *Salutschüsse werden auch am 6. Februar (Accession Day), am 2. Juni (Coronation Day), zu Prinz Philips und Prinz Charles' Geburtstagen (10. Juni/10. November) sowie zur Eröffnung des Parlaments (November) abgefeuert. Die Zahl der Schüsse hängt von Ort und Anlass ab. 21 Schüsse sind die Basis, im Hyde Park kommen 20 hinzu, da es ein königlicher Ort ist, im Tower weitere 21 für die City of London. Die Schüsse werden von der Royal Horse Artillery aus Kanonen abgefeuert.*

Parade veranstaltet. Auf der Horse Guards Parade marschieren Soldaten und Pferde zu Musik auf. Um 13 Uhr erfolgt eine Flugparade der Royal Air Force, Zuschauer können auf der Mall stehen. Infos: www.royal.gov.uk.

Juli

Paddle Round the Pier in Brighton

An einem Wochenende Anfang Juli ist am Brighton Pier die Hölle los, Kinderprogramm inklusive. Höhepunkt des Strandfestivals ist das große Paddeln um den Pier am Sonntag. Infos: www.paddleroundthepier.com.

Waterloo Carnival

Der Karneval wird Mitte Juli in Lower Marsh in London Waterloo gefeiert. Es gibt eine Kinderprozession und Aktionen für Familien. Infos unter: www.waterloocarnival.org.

The Chap Olympiad

Kurios ist diese Olympiade an einem Samstag Mitte Juli am Londoner Bedford Square. Die Mitwirkenden scheinen den 1930ern entsprungen und treten im Schnurrbart-Ringen oder Regenschirm-Wettstreit an. Tickets (ab £ 20) und Infos: www.thechapolympiad.com.

Eastbourne Extreme

Bei dem Extremsportfestival sind kostenlos spektakuläre Vorführungen von Inlineskatern, Kitesurfern oder Jetskifahrern zu sehen. Infos: www.eastbourne extreme.co.uk.

New Forest Show

Bei Brockenhurst im New Forest kommen Ende Juli viele Besucher zusammen, um die Landwirtschaftsschau zu sehen. Für Kinder gibt es ein buntes Unterhaltungsprogramm. Erw. £ 18, Kinder (5-16 J.) £ 8, Familien (4 Pers.) £ 44. Infos: www.newforestshow.co.uk.

August

Notting Hill Carnival

Am Bank-Holiday-Wochenende im August (siehe Kasten S. 106) ist der karibische Karneval im Londoner Stadtteil Notting Hill. Sonntag ist Kindertag, am Montag findet die große Parade statt. Infos: www.thenottinghillcarnival.com.

September

Great River Race

An einem Samstag im September rudern unzählige Boote um die Wette von den Londoner Docklands bis nach Richmond. Gute Sicht bieten die Millennium- oder die Hungerford-Brücke. Infos: www. greatriverrace.co.uk.

November

London–Brighton Veteran Car Run

Beim Oldtimerrennen am ersten Sonntag im November treten nur Fahrzeuge an, die vor 1905 gebaut wurden. Start ist am Hyde Park. Infos: www.lbvcr.com.

Guy Fawkes Night

Am 5. November 1605 scheiterte ein Attentat des Offiziers Guy Fawkes auf König James I. (siehe S. 122). Im ganzen Land feiert man das in der Bonfire Night mit Fackelumzügen und Feuerwerk.

Lord Mayor's Procession & Show

Am zweiten Samstag im November feiert London seinen neu gewählten Bürgermeister. Vom Victoria Embankment oder von South Bank lässt sich die Parade am besten verfolgen. Sie endet um 17 Uhr mit Feuerwerk. Tribünenkarten (£ 30) und Infos: www.lordmayorsshow.org.

Bunt wirbeln die Karnevalisten im August durch Notting Hill

Flora & Fauna

Was Südengland vor allem auszeichnet, ist seine lange Küste. Daneben prägt die hügelige, mit Weiden und Wäldern überzogene Landschaft das Bild und somit die Tier- und Pflanzenwelt.

Küste und Kreide

Bekannt für ihre Schönheit sind die Kreidefelsen von Dover. Steil fallen sie ins Meer ab und leuchten weit aufs Wasser hinaus. Hier nisten gern Dreizehenmöwen und Eissturmvögel. In ganz Südengland ist die Vogelbeobachtung (bird watching) eine beliebte Freizeitbeschäftigung. Die lässt sich auch an der Küste von West Sussex durchführen, wo Beachy Head und die Seven Sisters ebenfalls Kreidefelsen bilden (siehe S. 81). Hier befinden sich die South Downs, deren hügelige Kreidelandschaft inzwischen zu einem Nationalpark erklärt wurde. An der Küste bei Ramsgate lassen sich bei einer Bootstour Seehunde beobachten (siehe Kasten).

Auf den Kreidefelsen im Südosten wachsen seltene Pflanzen

Seehunde gucken

*Von Dover aus starten regelmäßig Bootstouren zur **Secret Seal Safari Tour**. Die Tour ist „geheim", weil die Seehunde dabei möglichst ungestört bleiben. Nicht nur die drolligen Tiere bekommen Sie zu sehen, sondern auch die Weißen Klippen von Dover, die Pegwell-Bucht bei Ramsgate und den River Stour. Info@doversea safari.co.uk, www.dover seasafari.co.uk. Die Touren starten Mitte Mai bis Anfang September um 14 Uhr, genaue Termine sind auf der Webseite einsehbar. Erw. £ 35, Kinder (6-11 J.) £ 16, Kinder (bis 5 J.) £ 8, Familien (4 Pers.) £ 94.*

Flüsse und Marsch

Die Themse ist der zweitlängste Fluss Englands. Hier sieht man außerhalb Londons vielleicht einen Kormoran oder einen Graureiher. 2008 wurden sogar Seepferdchen im Wasser gesichtet. Außerdem leben darin Flundern, Hechte und viele andere Fischarten. Weniger bekannt ist der Medway, der durch Kent fließt und in der Themsemündung aufgeht. Rotaugen, Aale, Bachforellen und Stichlinge leben im Fluss. Auf den Salzmarschen in Richtung Meer wachsen am Ufer Seeastern, Schlickgräser und Strandflieder. An der Mündung wurden auch schon Robben gesichtet. Eine weitere Marschlandschaft ist Romney Marsh an der Südküste von Kent. Die flache Landschaft an der Küste machte sie bis ins 19. Jahrhundert zu einem Schmugglerparadies.

Wiesen, Wälder und Hecken

Große Wälder gibt es im Süden Englands nicht mehr; die Laubbäume wurden im Zuge der frühen Industrialisierung abgeholzt. Auch im New Forest (siehe S. 84) im Süden findet man nur noch kleinere Waldbestände, dafür vor allem Heideland. Der Nationalpark beherbergt neben mehreren Hirsch- und Schlangenarten auch wilde Ponys. Kleinere Wälder und große Wiesen dominieren die Landschaft von Somerset und Wiltshire mit ihren Schafen und Kühen. Für den berühmten Cider werden Äpfel auf großen Plantagen angebaut. Wo es noch Wald gibt, wachsen vor allem Eichen, Eschen und Birken. Oft werden Landstraßen von Hecken begrenzt. Traditionell „zäunte" man mit ihnen die Felder ein. Sie sind ein Biotop für Pflanzen und Tiere. Unter den Hecken verbergen sich Steine aus Schiefer oder Granit, die zahlreichen Eidechsen und Insekten Unterschlupf bieten. Moose und Flechten wachsen genauso auf ihnen wie Hunderte Blumenarten, darunter das blau blühende Hasenglöckchen (bluebell).

Landschaftsparks

Im 18. Jahrhundert wurde in England die Form des Landschaftsgartens entwickelt. Während der barocke französische Garten alles in symmetrische und klare Formen gezwungen hatte, setzte man in England auf ein möglichst natürliches Aussehen. Wege und Flüsse schlängelten sich durch den Park. Statt üppigen Blumenrabatten pflanzte man Bäume,

Botanischer Garten und Kinderspielplatz: Kew Botanical Gardens (S. 93)

weite Rasenflächen zogen sich dahin und auch ein See gehörte dazu. Bekannte Gärten im Süden Englands sind der von Claremont House (Surrey) oder der am Chiswick House (West-London).

Londons grüne Lungen

Auch in einer Millionenstadt wie London ist Platz für Tiere. In den vielen Parks tummeln sich besonders Eichhörnchen in großer Zahl. Ihnen ist es egal, ob sie in einem der Royal Parks herumturnen oder in einem ganz gewöhnlichen der 200 anderen. Richmond Park ist für Tierfreunde ein ganz besonderes Juwel, denn in dem größten ummauerten Park Europas leben etwa 650 Rot- und Damhirsche. Aber auch Botaniker haben ihre Freude in den Parks, ganz besonders im Botanischen Garten in Kew (siehe S. 93), den auch Kinder sofort in ihr Herz schließen, wenn sie die Spielplätze und den Baumpfad entdecken.

Geschichte

Bis etwa 6000 v. Chr. war Großbritannien keine Insel, sondern durch eine Landbrücke mit dem Festland verbunden. Erst als sich das Klima nach der letzten Eiszeit erwärmte, verschwand die Landbrücke – Großbritannien war vom Kontinent abgeschnitten. In der Jungsteinzeit entstanden gewaltige Megalithbauten und kreisförmige Steinsetzungen wie Stonehenge.

Kelten und Römer

Im Laufe der Eisenzeit wanderten Kelten aus dem Gebiet des heutigen Frankreich in Britannien ein. Einem ihrer Stämme, den Brythonen, verdanken die Briten überhaupt erst ihren Namen.

Im Jahr 43 n. Chr. gelang es den Römern unter Kaiser Claudius, Britannien zu erobern. Das Land wurde zur römischen Provinz. Eines der berühmten Relikte dieser Zeit sind die Thermen in Bath. Auch London ist eine römische Gründung. Die Römer nannten die Stadt mit der günstigen Lage an der Themse Londinium. Im Norden drangen die Römer fast bis ins heutige Schottland vor. Die römische Herrschaft endete im Jahr 410.

Die Angelsachsen und die Dänen

Zur Zeit der Völkerwanderung fielen germanische Stämme ein: die Jüten, Angeln und Sachsen. Von den Kämpfen der christianisierten Briten gegen die heidnischen Germanen berichten die Sagen um König Artus. Die germanischen Stämme verschmolzen schließlich zu den Angelsachsen. Sie herrschten

gerade in England, als ab 866 Dänen ins Land einfielen. Bis 1042 stellten nun sie die Könige. Erst dann kam wieder ein Angelsachse auf den englischen Thron.

Die Normannen

Noch einmal sollten die Britischen Inseln erobert werden – von den Normannen. Das Datum 1066 kennt jedes englische Schulkind, denn in diesem Jahr landete der normannische Herzog William the Conqueror (Wilhelm der Eroberer) in der Nähe von Hastings (siehe Kasten S. 100) und schlug die Angelsachsen in einer erbitterten Schlacht. William wurde König von England.

Dynastie Plantagenet

Nachdem 1138 der letzte normannische König ohne Erben verstorben war, begann ein Bürgerkrieg, der erst 1154

Die Goldene Hirschkuh

*Ein Nachbau der **Golden Hinde**, mit der Francis Drake um die Welt segelte, kann in London besichtigt werden. Regelmäßig an Samstagen finden Piratentage statt, außerdem gibt es geführte Touren mit einem verkleideten Guide. Die Galeone liegt am Themse-Ufer: Pickfords Wharf, Clink Street, London SE1 9DG, Tel. +44 (0)8700-11 87 00, www.golden hinde.com. Tägl. 10-17.30 Uhr. Erw. £ 6, Kinder £ 4,50, Familien £ 18, geführte Tour Erw. £ 7, Kinder £ 5, Familien £ 20. U London Bridge.*

mit der Thronbesteigung Henrys II. ein Ende fand. Er stammte aus dem Haus Anjou-Plantagenet. Diese Dynastie sollte bis 1399 regieren. Berühmtester Vertreter ist Richard Löwenherz (1189-1199).

Hundert Jahre Krieg

Im Hundertjährigen Krieg (1337-1453) kämpfte England gegen Frankreich, nachdem Edward III. Anspruch auf den französischen Thron erhoben hatte. Kurze Zeit später brachen die Rosenkriege (1455-1485) aus, in dem die Herrschaftshäuser York und Lancaster um den Thron stritten. Ihre Symbole sind eine weiße bzw. eine rote Rose. Henry Tudor aus dem Hause Lancaster siegte schließlich und gründete als Henry VII. die Dynastie der Tudors.

Mit den Tudors in die Neuzeit

Bekanntester Tudor ist Henry VIII. Das Schicksal seiner sechs Ehefrauen merken sich Engländer mit dem Spruch: Divorced, beheaded, died. Divorced, beheaded, survived. (Geschieden,

geköpft, gestorben. Geschieden, geköpft, überlebt). Henry ging aber auch als Begründer der anglikanischen Staatskirche in die Geschichte ein. Weil der Papst in Rom seiner Scheidung von Katharina von Aragón nicht zustimmen wollte, sagte er sich und England von der katholischen Kirche los. Henry VIII. war daraufhin selbst das Kirchenoberhaupt und ließ alle Klöster auflösen.

Das Elisabethanische Zeitalter

Im Begriff des Elisabethanischen Zeitalters hat sich Elizabeth I., die Tochter Henrys VIII., verewigt. Während ihrer Regierungszeit (1558-1603) erlebte England eine Blüte bis dahin unbekannten Ausmaßes. Wirtschaftlich und kulturell ging es bergauf. Nach den großen Entdeckungen durch die Portugiesen und Spanier stieg auch England in das Geschäft mit Übersee ein. Sir Francis Drake umsegelte als zweiter Mensch die Erde (1577-1580). Die Ostindiengesellschaft brachte wirtschaftlichen Aufschwung ins Land. Nicht nur mit Tee und Gewürzen

Seit der Jungsteinzeit steht Stonehenge in England und gibt bis heute Rätsel auf

Windsor Castle ist das älteste durchgängig bewohnte Schloss der Welt

handelte man mit großen Gewinnen, sondern auch mit Sklaven. William Shakespeare schrieb über 30 Dramen und führte sie u. a. im Globe Theatre (siehe Kasten S. 58) in London auf.

Die Stuarts an der Macht

Elizabeth I. starb kinderlos und so kam 1603 mit James I. ein schottischer König auf den Thron Englands. 1605 loderte ein alter Konflikt wieder auf: der zwischen Katholiken und Protestanten. Der Katholik Guy Fawkes hatte beim sogenannten Gunpowder Plot am 5. November versucht, das Parlament in die Luft zu sprengen – was ihm jedoch misslang. Die Katholiken wurden daraufhin verfolgt. Auch zwischen dem Parlament und der Monarchie gab es im 17. Jahrhundert dauernde Reibereien. 1642 begann ein Bürgerkrieg: Oliver Cromwells Parlamentstruppen siegten schließlich, England wurde einmalig in seiner Geschichte zur Republik. 1660 wurde die Monarchie wiederhergestellt. 1666 wurden beim großen Brand in London große Teile der Stadt zerstört.

Deutsche Könige auf dem Thron: das Haus Hannover

1714 gelangte George I. auf den Thron. Der Kurfürst aus Hannover war der Enkel von Elizabeth Stuart und sicherte die protestantische Thronfolge. Das 18. Jahrhundert wird das Georgianische – George I. folgten bis 1820 drei Namensvettern, George II., III. und IV. Unter ihrer Herrschaft wandelte sich das bisherige Agrarland zum Mutterland der Industriellen Revolution. Als Handels- und Kolonialmacht stand England immer wieder im Konflikt vor allem mit Frankreich. 1805 besiegte Nelson die Franzosen am Kap von Trafalgar, 1815 gelang der vernichtende Schlag in der Schlacht von Waterloo.

Viktorianisches Zeitalter

William IV. folgte Königin Victoria I. auf den Thron. Länger als jeder andere englische Monarch regierte sie von 1837 bis 1901 und gab einem ganzen Zeitalter ihren Namen. Die Industrialisierung führte zu dieser Zeit zu einem wirtschaftlichen Aufschwung.
Victorias Sohn Edward VII. gehörte dem Hause Sachsen-Coburg und Gotha an. Dieses Geschlecht regiert noch immer in Großbritannien – allerdings ließ George V. den Namen im Ersten Weltkrieg in Haus Windsor ändern, weil der alte Name allzu deutsch klang.

England im 20. Jahrhundert

Die englischen Kolonien strebten nach Unabhängigkeit. Das führte schließlich zur Gründung des Commonwealth of Nations 1931. Indien wurde 1947 in die Unabhängigkeit entlassen. 1952 bestieg Königin Elizabeth II. den Thron.

Sport

Für sportlich Aktive ist Südengland ideal. Die Küste bietet Wassersportlern ein aufregendes Revier, Wander- und Radwege laden zum Erkunden ein. Baden lässt sich an den Sand- und Kiessträndern sowie in Erlebnisbädern unterm Dach. Wer lieber zuschaut, kann sich bei einer typisch englischen Sportart wie Cricket oder dem Pferderennen amüsieren. Hilfe beim Finden von Outdoor-Aktivitäten jeglicher Art bietet www.yumping.co.uk.

Angeln

Die Küste und viele Seen und Flüsse laden zum Fischen ein. Besonders beliebt ist das Angeln nach Lachs und Forelle. Eine **Angelgenehmigung** (rod license) ist vor Ort bei der lokalen Behörde erhältlich oder kann online bestellt werden [www.environment-agency.gov.uk. Saison (Lachs und wandernde Forellen ausgeschlossen): Erw. £ 27, Kinder (12-16 J.) £ 5, (unter 12 J.) umsonst].

Beim Angeln können die Kinder zuschauen, lernen und mitmachen

Eislaufen in London

Das ganze Jahr über können Sie bei Queen's Ice & Bowl auf die glatte Fläche (www.queensice andbowl.co.uk, U Queensway). Weiter im Süden, in Streatham, gibt es ebenfalls eine Eislaufhalle (www.streathamicearena.com, Zug von London Bridge nach Streatham). Im Winter öffnen mehrere Ice Rinks unter freiem Himmel: am Tower, am Natural History Museum, im Hyde Park, am Hampton Court Palace, am Somerset House und an der Canary Wharf.

Golf

Golf ist in England ein Volkssport und so gibt es nicht nur an jeder freien Ecke einen Golfplatz, sondern die Gebühren sind auch erschwinglich. Hilfreich beim Finden des nächstgelegenen Platzes ist www.uk-golfguide.com. Sogar im Umkreis von London gibt es elf Golfclubs. Besucher zahlen die Greenfee, Junioren erhalten eine Ermäßigung.

Klettern

Geklettert wird an Kliffs, auf Granitfelsen (tors), in den Mooren oder in Hallen. Unterricht bieten zahlreiche Zentren an, z. B. Kent & Sussex Climbing (www.ksclimbing.co.uk). Eine Kletterhalle gibt es in Crowborough bei Tonbridge (East Sussex, www.evolutionindoorclimbing.co.uk). Hochseilgärten betreibt Go Ape! in ganz England (www.goape.co.uk, siehe S. 90). Kinder dürfen in allen Kletterparks ab zehn Jahren mit in die Höhe.

Radeln

Auf den viel befahrenen Straßen im Südosten ist Radfahren kein Vergnügen. Aber es gibt auch ausgebaute Fernradwege. Die teils hügelige Landschaft erfordert etwas Kondition. Informationen zum National Cycle Network mit allen Routen finden Sie unter www.sustrans.co.uk. Zu empfehlen sind der Weg durch das Thames Valley, die Garden of England Route (Ostküste mit Hastings, Dover und Canterbury) oder die Route 21 von London nach Eastbourne. Kinder mögen auch die Downs & Wealds Cycle Route von Greenwich über Crawley nach Brighton, von wo aus an der Küste entlang ein Bogen zurück nach Crawley geschlagen wird. Auch auf Teilstrecken lassen sich die Wege gut befahren. Für London gibt es ebenfalls empfohlene Radwege, z. B. eine Strecke von der Tower Bridge nach Greenwich (8 km) oder den Two Palaces Ride vom Buckingham Palace zum Kensington Palace (3 km), der durch den Hyde Park führt.

Reiten

Am Strand oder über hügelige Weiden – so macht Reiten Spaß. Reitschulen gibt es in ganz Südengland. Jede Grafschaft listet auf ihrer Webseite Reitställe auf und gibt Tipps für Reitwege. Besonders schön sind die South Downs und der New Forest mit Heide und Wald.

Wassersport

Englands Küsten bieten ideale Bedingungen für Wassersport. Auch wenn das Surferparadies Englands in Cornwall liegt, finden sich im Osten ebenfalls reichlich Gelegenheiten, um das Wellenreiten zu erlernen. Vor allem in Eastbourne und bei Ramsgate ist Surfen ein beliebtes Vergnügen. Surfschulen finden Sie unter www.a1surf.com. Kitesurfing

Hoch zu Ross lässt sich die Landschaft noch einmal ganz anders erleben

Wimbledon

Tennisfans können auch außerhalb der Championships Ende Juni auf ihre Kosten kommen und das **Wimbledon Museum** besuchen. Zu sehen sind neben Kleidung und anderen Andenken an die größten Spieler auch Filmausschnitte einiger berühmter Spiele und sogar der „Geist" von John McEnroe. Audio-Guides sind auf Deutsch erhältlich. Außerdem werden täglich ab 10.30 Uhr geführte Touren über das Gelände angeboten. Wimbledon Lawn Tennis Museum, Church Road, Wimbledon, London SW19 5AE, Tel. +44 (0)20-89 46 22 44, www.wimbledon.com. Tägl. 10-17 Uhr, Schließtage auf der Webseite. Erw. £ 11/ mit Tour £ 20, Kinder (5-16 J.) £ 6,75/£ 12,75). U Wimbledon.

wird in z. B. Rye, Camber, Whitstable und Hove angeboten. Nicht nur surfen kann man in Südengland, sondern auch Kanu, Kajak oder Wasserski fahren. Segelschulen finden sich ebenso entlang der Küste. Informationen gibt die Royal Yachting Association: www.rya.org.uk.

Wandern

Der South Downs Way zwischen Winchester und Eastbourne lädt im Südosten Englands zum Erkunden ein (www. southdownsway.co.uk). Auf seinem Weg lässt sich der Long Man of Wilmington (siehe Kasten S. 98) genauso sehen wie die Klippen der Seven Sisters. Auf dem Thames Path können Sie entlang der Themse wandern (www.thames-path. com). Ein weiterer Wanderweg ist der North Downs Way, der in Farnham in Surrey startet und nach Osten führt. Dort schlägt er einen Rundkurs ein, an dem u. a. Dover und Canterbury liegen. Diese Fernwanderwege gehören zu den fünfzehn National Trails in Großbritannien (www.nationaltrail.co.uk).

Zuschauen

Wer einmal beim Cricket zuschauen möchte, kann dies am Lord's Cricket Ground in London tun. Dort gibt es außerdem ein Cricket Museum. Unter www.lords.org können Sie die Termine erfahren und erhalten Tickets.

In Ascot, 45 Kilometer südwestlich von London, werden beim Pferderennen noch immer gern die legendären Hüte getragen. Auch ohne dem englischen Hochadel anzugehören, dürfen Sie den Rossen beim Rennen zuschauen. Karten für das Royal-Ascot-Rennen Mitte Juni gibt es ab £ 17 über die Internetseite. Dort können Sie sich auch über die Kleiderordnung informieren. Der wichtigste – und teuerste – Renntag ist der dritte, der Gold Cup Day. Jeder der Renntage wird von der königlichen Familie eröffnet. Weitere Infos: www.ascot.co.uk.

Fußballfans haben Spaß an einem Spiel des FC Chelsea. Tickets sind erhältlich unter www.chelseafc.com. Falls gerade kein Spiel stattfindet, lässt sich vielleicht mit einer Stadiontour vorliebnehmen [Stamford Bridge, Fulham Road, London SW6 1HS, Tel. +44 (0)871-984 19 05. Stadiontour Mo-Sa 10-15 Uhr halbstdl., Erw. £ 18, Kinder (5-15 J.) £ 12, Familien £ 54].

Verlag: COMPANIONS GmbH,
Am Sandtorkai 73, 20457 Hamburg,
Tel. 040-306 04-600,
Fax 040-306 04-690,
E-Mail: info@companions.de,
Internet: www.companions.de

Autorin: Kirsten Wagner

Lektorat und Schlussredaktion:
Anne-Kristin Mathiszig

Schlusskorrektur:
Kerstin Gonsior

Titelgestaltung und Layout:
Cornelia Prott

Druck und Bindung:
DZA Druckerei zu Altenburg GmbH

Bildnachweise:
Titelfoto: Corbis RM/Roy McMahon
Alle Fotos: Kirsten Wagner, außer:
The New Forest S. 3 unten, 84,
Fotolia (Eléonore H S. 5, Speedfighter
S. 13, Gyrohype S. 72, fothoss S. 90),
VisitBrighton S. 10, iStockphoto.com
(Michael Riccio S. 11, Miroslav Ferkuniak
S. 19, Eva McPherson S. 23, Ian Ilott
S. 25, Guy Nicholls S. 27, Tokle S. 28,
Christopher Steer S. 29, Scott Hortop
S. 76, Lance Bellers S. 79, Duncan Bab-
bage S. 80), panthermedia.net (Tracy
Lorna Nors S. 17, Sung Kuk Kim S. 56),
www.williamredfern.co.uk S. 18, City of
London Corporation S. 21, Shutterstock.
com (Nadinelle S. 24, Alan Gordine
S. 26, Pedro Rufo S. 43, Dave Turner
S. 82, mambo6435 S. 101, Iain McGilliv-
ray S. 102, Peter Elvidge S. 105, Anneka
S. 109, Richard F Cox S. 115, Clive

Chilvers S. 117, St. Nick S. 122, Dmitriy
Shironosov S. 123, Groomee S. 124),
National Maritime Museum Greenwich
S. 47, Hard Rock Café London S. 53,
The London Bridge Experience S. 57,
Leeds Castle S. 64, Dickens World S. 66,
Canterbury Tales S. 69, English Heritage
S. 70, Portsmouth S. 74, National Trust
Image S. 78, Treasure Island S. 81, Dru-
sillas Park S. 83, 98, Paultons Park S. 85,
INTECH Science Centre & Planetarium
S. 86, Woburn Safari Park S. 87, ZSL
Whipsnade Zoo S. 88, Thorpe Park S. 91,
Chessington World of Adventures S. 92,
RBG Kew S. 93, 119, David Howarth/
WWT London Wetland Centre S. 94,
Coram's Field S. 96, London Duck
Tours Ltd S. 97, The Hop Farm S. 99,
Yesterday's World S. 100.

Karte: Karthographiebüro Jochen Fischer

ISBN 978-3-89740-694-0